薩提爾的故事溝通

陪孩子練習愛，在愛中學習成長

李儀婷——著

【推薦序】

每個人都是晶亮璀璨的寶石

成蒂（薩提爾模式資深家庭婚姻治療師）

許多孩子在成長過程中都會發問：

我為什麼要活著？

為什麼人會死？

爸爸媽媽死了，我怎麼辦？

許多父母都會困惑：

連我自己都不知道答案，該如何回答生與死？

我小時候並未體驗愛，如何知道什麼是愛？

我要如何傳達愛給孩子才是他需要的？

包括我在內，一直很難提供這些艱難問題適當的答案！

非常欣喜本書作者李儀婷，將父母和孩子的這些疑惑，巧妙的串聯編織在一起。藉由給孩子的真情話語和創新故事，以薩提爾冰山理論為主軸，來詮釋愛、生命、死亡、失去、夢想與自我，篇篇都為讀者帶來對人性渴望和生死議題深刻的啟發。

家庭治療大師薩提爾曾經說過：「生命如河流一般前行，當我們願意敞開心，總會發生新的可能。」

我們在閱讀這本書時，若大人們能對這些生命課題敞開胸懷，讓愛化為徐徐微風，停泊在孩子內心深處的港灣，即能成為支持和力量。讓他們自由自在的成為他自己，並從生命前行的流動中去體驗，每個人都是晶亮璀璨的寶石。

在書中，看見身為母親內心的牽掛和掙扎，也看見孩子因為渴望愛、確信愛的沉默吶喊，相信這是我們每個人生命底層都有的共鳴。

讓我們帶著好奇和開放，在儀婷與三三的談話中，認識生命，發現自我，使得孩子們和曾經是孩子的大人，都能因為學習接受愛和分享愛，一起成長茁壯。

【推薦序】

一份薩提爾的禮物故事

陳郁如（作家）

很榮幸，收到李儀婷老師的稿子，可以慢慢坐在家裡品味。

首先，我跟李儀婷老師是在臉書上認識的。我們有共同的朋友，同樣是文章創作者，但是我們倆並不深交，也沒見過面。我每次看她的貼文，都會又感動，又好笑。感動她對孩子們的心思、對話，每一句都是讓人回味再三；同時又好笑她字句裡的風趣，一件看似普通的家常事件，在她的筆觸下，就是可以看到那讓人莞爾、令人嘴角上揚的幽默。

所以可以收到這本書稿，可以看到儀婷完整架構的文章，真的是覺得好開心、好敬佩。

這本書裡有五個短篇故事。同時，又有儀婷老師寫給女兒三三的信。

這五個故事都是儀婷老師自己創造自己編寫的。每一個故事講述一個主題，用來引導孩子們不同的愛的故事，以及如何愛自己、如何愛別人、如何表達愛、如何珍惜生命等等。每一個故事各自獨立，但都是峰迴路轉，讓人目不暇給。每一段都會讓我想到自己經歷過的生命片段，都會讓我思考好久。

像是故事中的珍珠王子，一直對身邊的人付出，表現自己的仁慈，後來卻失去自己，這常常是現代人容易遇到的事。尤其我們的文化常講究忍耐，期待付出，無怨無悔是高品德的象徵，導致學校有霸凌者出現、職場有老闆欺負員工、婚姻中有伴侶對另一方語言或肢體暴力等等事件發生。

壓抑常會讓人失去心中的尺，以為無底線付出就可以得到好的回報，而不知道幫自己設下底線，不懂如何真的愛自己、保護自己。看過這故事的人，都可以在腦海記憶中、童年回憶裡、身邊朋友的經驗中，找到共鳴的同理。

每篇故事之後，會有一封儀婷寫給女兒的信。她用溫婉簡單的語句，娓娓寫出對愛的感覺。字裡行間，可以看到母親對女兒的深切用心，希望女兒可以體會這世上的美好真情。母親對女兒最直接真切的期待，不在日後念多高的學位、賺多少錢、用多少名牌，而是在生命的點點滴滴裡，可以慢慢體會對他人的愛、對自己的愛。在愛的傳達過程中，她將得到更多的學習與成長。

每一封信都讓人好感動，每一字句都讓人思考再三。這是一本有溫度的書，不管是短篇故事，還是親子書信，都讓人可以回味再回味，值得閱讀。

【推薦序】

愛，是這世代孩子最重要的能力

顏安秀（資深教師、家庭素養教育推動者）

新課綱上路兩年半，從課本到課程，從教室教學到升學考試，不管老師、家長或孩子，都已慢慢適應這一次教育改革。大家為了因應評量的變化，去更加重視閱讀理解、跨域聯合、設計思考等議題。

但本來可以漸進式改變的一場教育改革，世紀疫情打亂了所有人的步調。人跟人間的接觸、討論、合作，被迫快速轉到了線上，透過螢幕與網路，我們和對方在虛擬空間中相遇。所以，這世代的全球孩子面臨同一種困境：他們更難在真實情境裡，和家庭以外的人有面對面情感的往來和互動。

然而，孩子即將走向的那個未來，卻充滿ＡＩ人工智慧，機器人執行指令分毫不差，人類戰勝ＡＩ的唯一可能，只有愛的能力。因為那是ＡＩ唯一不會的地方，它們沒有情感，所以無法理解愛的正反面，也不懂得如何付出愛。

愛，是人的天性，但卻很難教。我們可以規範孩子的規矩，也可以引導孩子學習，但很難告訴孩子「愛是什麼、怎麼去愛、如何去愛」。教條式的口號和定義式的說明，融化不了一個受傷孩子內在的冰山，更別說去接住孩子，或是讓孩子進入愛的層次。

儀婷老師這本《薩提爾的故事溝通》，為家長老師帶來了「我可以怎麼跟孩子談愛」的解方：我們不說教，我們為孩子說故事；我們不用話語去說明愛是什麼、愛要怎麼給予和接納，我們用故事和對話，讓孩子自己去感受、理解、建構什麼是愛。

這本書由五「組」故事串成，為什麼是「組」呢？因為每一個故事，還搭配上一篇「給孩子的話」。儀婷老師以她給大女兒三三寫信的方式，細膩溫暖的跟孩子說話，宛如我們也可以學著這樣做，對孩子說著愛的話語。

透過這樣「一加一」的設計，家長得到很實際的幫助，我們更能清楚知道如何引導孩子去看這篇故事，以及我們能跟孩子討論什麼。最後，代入孩子的生活中，親子一起學習「什麼樣的愛」的課題。這一切的互動，都是為了讓孩子感受到爸媽對他的珍視與愛。

五篇故事，在儀婷老師巧妙的設計下，分別談了期待、感受、表達、觀點和渴望。故事用角色、對話、情節與衝突，將愛演繹出來，協助讀者在這樣的情境下，嘗試理解「真正的愛」是什麼。這原本是儀婷老師家裡的睡前故事，轉成文本後，父母可以念給孩子聽，也可以親子共讀或讓孩子自行閱讀。最重要的，是讀後的真誠對話，以及親子間共同學會對愛的一致性表達。

愛的滋養，最豐沃的土壤在家庭，也在爸媽溫暖的懷抱或話語中。與其擔心考試題型的改變，爸媽此刻更需要做的是，陪著孩子走出一條懂愛也能去愛的路。試想孩子即將面對的世界，真的只有愛與同理能讓孩子長出勇氣和信念，這才是能支持他一生，面對ＡＩ未來致勝的關鍵。

【推薦文】

讓彼此感受到那份永恆的愛

王意中（王意中心理治療所所長、臨床心理師）

為人父母總是想著以各種方式來愛孩子，卻在無意間傷了孩子而不自知。我們想要愛，渴望愛，期待被愛，卻不知如何來表達這份「不帶傷害的愛」。

閱讀儀婷老師這本書，讓父母心裡安頓些，踏實些，勇氣多了些。讀著、讀著，讓人心暖暖。依著薩提爾模式的脈絡，有了遵循的方向，而不用在迷霧中，茫然摸索。

讓我們不再只看到行為的表象，而能夠充分瞭解孩子內心所要傳達的訊息。

讓親子之間的愛，不彆扭。讓孩子不再覺得父母的愛，盡是囉哩八唆。

透過書中作者與孩子真誠的對話，以及動人故事的詮釋，讓親子關係更緊密。也讓彼此感受到那份永恆的愛，一份專屬於你與孩子的愛，獨一無二的愛。

讓愛說出口，讓愛自然而然流露，在親子之間，溫暖交融著。

【推薦文】

人人都需要愛

邢小萍（臺北市永安國小校長）

喜歡聽故事嗎？

這本書裡的故事都是關於「愛」。我反覆的讀，每讀一回就對「愛」有不同的體悟且深受感動。

李儀婷老師用五個「愛的故事」——〈橡皮糖公主〉、〈聖甲村的眼淚〉、〈孫山的處境〉、〈珍珠王子〉、〈不死精靈〉來串起冰山理論。她用童話的形式探討生命課題：表達、選擇、承擔、愛與死亡；用薩提爾的「冰山理論」和藉由「給孩子的話」來提醒大人——關照最深層的「愛的渴望」，愛是需要練習的，練習說出來，練習傾聽，練習承擔。

故事精彩、發人深省，可以分開來看，也可以一口氣看完。疫情當前，人人都需要愛，並認知到：我是被重視的，是有價值的，是被愛的。

儀婷老師在本書中的自我揭露，讓讀者成為故事的insider（局內人），同步在觀看寫給三三的信中發現滿滿的薩提爾的提醒。

真的很過癮，推薦給渴望愛的你！

【推薦文】

透過故事，思考重要的人生議題

林怡辰（國小教師、閱讀推動者）

用儀婷老師的故事說出那些愛、期待、渴望！

故事寫得真好，在曲折和細節之處，留下深深印痕，因為曲折，所以動人；因為有細節，所以有共鳴。故事向來都是最容易打開孩子心房的開關，儀婷老師的真摯故事，在人物自白、誠懇對話、一次次的情緒起伏中，帶來感動，感動之後，蘊含的薩提爾概念浮現，看見親子彼此的渴望、愛、需求、期待、自我、情緒與表達，最後在丑老的生命畫下句點。完整走了一次目送的過程，帶出此生的生命意義——愛。

故事淺白精彩又富含畫面感，當成認識自我情感的薩提爾入門也很好。在每則故事後，都有一封給孩子的書信，帶著我們和孩子在各面向中做「如果你是……如果我是……」的思考與討論。因為思考後而清澈、重要卻難以啟齒的那些人生議題，都在這本書裡完滿。誠摯推薦您和孩子一起共讀！

【推薦文】

說一個故事給孩子聽吧！

胡展誥（諮商心理師）

我的工作經常會遇到許多在親職教養上遇到困難的父母，這些父母都有著「想要陪伴孩子，無奈工作占據太多時間」的困難。

當他們問我：「可以如何在有限的時間裡好好陪伴孩子？」我的答案永遠都是：「說一個故事給孩子聽吧。」

是真的！沒有一個孩子不喜歡聽故事！哪怕只是一本老舊的童話故事書，只要大人願意暫時放下手邊的工作，專心一字一句說給身旁的孩子聽，彷彿就能帶著孩子進入那個故事的情境裡。在那一陣陣的歡笑、驚嘆、緊張之後，孩子通常會感到放鬆、穩定。對他來講，絕對是生命中最珍貴的陪伴。

談到如何愛孩子，或許我們最擅長的是給予具體的物質生活。但儀婷老師這本書將讓你體會到：原來這樣說故事，就能陪伴孩子感受到你的愛，也滿足被愛的渴望。

【推薦文】

學習愛，不再互相傷害

葉丙成（臺大電機系教授）

愛很重要，因為我們每個人都渴望被愛。然而，常常傷害人的，也是愛。原因是我們或我們所在乎的人，對愛不盡然有正確的認識，以至於明明是相愛的人，到後來卻因愛相互傷害。

因愛而相互傷害的例子，最常見的就是親子之間。絕大多數的爸媽都是愛自己小孩的，也關心孩子的未來，但很多爸媽關心的方式很有問題，或是不斷用負面言詞去數落孩子、嫌他比別人孩子差，或是用情緒勒索的方式去逼迫孩子只能選爸媽覺得好的路。這些行為，讓親子之間的感情不斷的被磨損，甚至在孩子心中造成了陰影。明明是愛孩子，反而對孩子造成很大的傷害。

這些行為在我們社會裡很常見，不只發生在親人間，也發生在我們和朋友、伴侶之間，原因就是有許多人對於愛的本質是什麼、對於如何傳達愛、如何愛人，並沒有過好的學習。然而這樣的學習非常重要，有沒有這樣的學習，對我們的人生有重大的影響。

很高興看到儀婷這本書的問世。她很善巧的把關於愛的概念用不同的故事來呈現。透過爸媽和孩子講述這些故事，讓親子有機會一同思考關於愛的不同面向，進而讓爸媽跟孩子都能對愛有更深刻的了解。身為一個教育者，我除了被好看的故事吸引外，更是驚豔於這些故事是如何把「期待」、「感受」、「渴望」等關於愛的概念，透過一個個精心設計的故事情節，潛移默化的傳遞給大人與孩子。這真的很不簡單！

透過故事來學習愛，我認為沒有比這更好的方式了。讓大人和孩子都更加了解愛的真諦，不再因愛而傷人。這份薩提爾的禮物，無比珍貴。

【推薦文】

這是個八歲到八十八歲都有感的大禮物！

溫美玉（溫老師備課Party創始人）

比起成功、快樂、追求認可……，人類這一生的追尋，都會指向最原始的渴望——「愛」！

然而，出於怕尷尬而說不出口，甚至自己也不懂的情況下，我們甚少主動談起愛，就連給孩子讀的童話、寓言，都把焦點著重在品格與好性格的重要性。為什麼避談愛呢？因為它太虛無、太抽象！

令人興奮的是，儀婷老師用她對薩提爾「冰山理論」的專業，結合「說故事」的專長，成功的將這個亙古的課題，化為連孩子都能讀懂的故事。

書中的主人翁們能帶你體會到真正的愛，並不是予取予求，不是討好，更不是壓抑情感！大人可以從中得到親密關係相處的指引，重新咀嚼「愛是什麼？」、「該如何精準傳達愛？」；親子間也能從討論中獲得暖心的閱讀、對話時光，進一步在彼此身上，好好練習愛！

【推薦文】

一份適合親子共享的禮物

劉冠吟（華山品牌長）

變成大人以後，常常對很多事感到理所當然，譬如自己個性的特點及對待別人的方式。

我們用習以為常的模樣生活著，無論是壓力或痛苦，常覺得是世界虧待我們。從沒有想過面對這個世界的方式，有更多的可能。

這本書以故事加上給孩子的信兩部分作為主結構，五篇故事分別照向人性中五個容易被忽略的點。

書中說到：「不管一個人的行為再怎麼惡劣，都會有一個重要的理由，才會促使他做出那樣的行為，這個原因是寶藏也是所謂的冰山。」

人終其一生最重要的課題，就是了解自己，以最自在的方式存在世界上。這個學習在我成為媽媽之後有更深刻的體會。

教養孩子的途中，會觸發心底的弱項，同時也牽動孩子的情緒跟行為模式。《薩提爾的故事溝通》是一份適合親子共享的禮物，那些你長年在人生中不得其解的痛點，那些孩子還無力面對的情緒，都會漸漸變得清晰且輕盈。

【推薦文】

從故事中懂得愛與被愛

魏瑋志（澤爸）（親職教育講師）

我很喜歡讀故事書給孩子們聽，一同沉浸在充滿想像的世界裡，因為在故事裡，總是有著許多神奇的魔力，讓我們從中領會一些事情。

這幾年，學習到薩提爾，帶給我內在與家人的和諧，有很多收穫，也在多場演講中分享給每個家庭。只是，依然收到不少回饋，表示在現實生活中實在難以實踐。畢竟，聽明白與真正懂得如何做，多少還是有些距離。

儀婷老師的《薩提爾的故事溝通》就是藉由故事的魔力，讓我們更加深刻的領會到冰山下的意涵，包括了期待、表達、傾聽、承擔、死亡，並且在故事的帶領下，內化成生活上的實踐範本。

本書最令人動容的，是在每則故事的最後，有儀婷老師寫給自己的孩子三三的話。每段話皆發自肺腑，道盡每位父母的心中之語，也傳達出許多家長難以說出口的愛子之話，著實令人感動萬分。

【推薦文】

呼喚屬於自己愛的能力

羅怡君（親職溝通作家與講師）

如同書中所言：愛，是提供對方需要的，而不是自己認為最好的。當我們想要向孩子傳遞生命最重要的禮物時，又該如何讓孩子們發現心中對愛的渴望呢？

專長薩提爾對話的小說家儀婷，於是說起一個又一個的故事，我們在故事裡找到自身的影子、偷藏心裡剛萌芽的想法，或者驚呼這好像正是身旁的那個誰？

但又不只是故事而已。每個故事還附上一份書信地圖，幫助我們按圖索驥，細細辨認分類讀完故事之後的感受；不必《一千零一夜》，透過反覆細嚼儀婷的故事，相信我們也能呼喚屬於自己辨認愛、靠近愛和表達愛的能力。

【推薦文】

故事，美妙的話題載體

蘇益賢（臨床心理師）

人人都喜歡聽故事。故事的魔力，沒有一位小孩抵擋得了；其實，就連大人也為故事深深吸引著。所以，長大之後，我們依舊看戲、觀影、讀小說。

把故事這個美妙的載體應用在親子教養上，真是個好點子！比較含蓄、內斂的大人們，可以把好多平常不好意思說、不太知道怎麼說、不太敢說的議題，透過故事的一字一句，巧妙地鑲嵌在裡頭，諸如：愛是什麼、如何愛人、生與死、如何告別、如何面對失去等等……這些難以開門見山，卻對孩童發展而言十分重要的議題，都因著故事的溫柔承載而變得容易接觸了。

儀婷老師在《薩提爾的故事溝通》中，將近年在親職教養領域十分熱門的薩提爾架構融於這些故事與書信裡。這不只是一本寫給孩子看的故事書，更寫給每位都曾是孩子的大人們。

【推薦文】

一本不說教的教養書

Tey Cheng（臉書「小學生都看什麼書」社團團長）

這是一本超多工的親子教養書，既是闡述薩提爾理論的教養書，也是一本能讓孩子專注聆聽的故事書。很奇妙，一本不說教的教養書。

作者為女兒講了五個故事並寫下六封信，在閱讀的同時，彷彿參與了她們母女倆的睡前故事時間，既溫馨又充滿愛意。

書裡的五個故事精采到有資格獨立出版為童書，而寫給孩子的信則為總是有理說不清的焦急父母爬梳好思緒，完美示範如何與孩子溝通，清楚且無耗損的將我們的愛傳達給孩子，希望這份愛可以安放在她／他的心裡，在長長的人生路上可以傍身，在遇到困境的時候可以產生力量。

看完之後會有股衝動，想搖醒已熟睡的孩子，跟他說：「來，我說個故事給你聽。」

【自序】

愛，從天而降

愛，是一個很抽象的事物，我們摸不到，卻能透過體驗，感受到飽滿的愛。

愛，究竟是什麼？

愛，該透過什麼樣的方式傳遞給孩子？

我的孩子三三，在家中排行老大。她三歲以前，我還不是個很懂得表達愛的母親，更不懂該如何愛她，因此讓她在無愛的孤單裡行走了好長一段時間，與我的距離始終疏離。

那段無愛的日子，深刻的影響著三三的心靈與身體。

三歲起，三三無預警的開始犯起嚴重氣喘，無論怎麼治療都不見起色，最嚴重的情況是，只要一有感冒前兆，夜晚必定氣喘發作無法呼吸，需送急診掛氧氣罩。

心理深深影響著身體運作。

有很長的時間，我也在摸索愛該如何表達。

我的父親，是個很會表達「愛」的人。

我的父親總是開口閉口說：「我很愛你們，每個孩子我都愛。」是個會把愛掛在嘴上的好父親。然而，我並沒有因此學會表達愛，相反的，我內心深處甚至覺得父親說得太多，反而像「敷衍」，我壓根沒感覺自己被愛。

帶著對愛的空乏，我長成一個渴望愛卻給不出愛的人，也更加不會表達愛了。

養育孩子的過程，孩子無條件的愛著我，我卻始終不善表達，也因此有好長一段時間，我一直練習該如何向孩子傳遞我的愛。

在長時間練習下，我學會了表達，三三也跟著安穩下來，神奇的是，三三居然氣喘不再發作。

心裡的穩定，牽動身體的健康機能，在三三身上得到驗證。

大約在三三五歲那年，我因工作常需要到國外演講，並舉辦大規模的親子工作坊，也就是從那時起，我發現一個奇特的規律，那就是每當我出國演講，毫無意外的，三三必定大病一場，屢試不爽。

三三信賴且依賴我，我彷彿是她身上的防護罩，一旦我不在身邊，她的身體防護機能就出狀況。即便已然學會表達愛的我，面對遙遠的距離，我只能手足無措，眼睜睜看著三三生病，無奈以對。

三三六歲時的某日，我出差飛往新加坡工作。那時的天氣變化異常，冷熱差異甚巨，是氣喘容易發作的季節。我懷著擔憂飛行，揣度自己離開之後，孩子的身體不知是否能堅持住。

我一邊工作，一邊靜待每日孩子傳來的消息。工作第三天，一個朋友轉來三三悶悶不樂的訊息。

三三是個太特別也太纖細的孩子，過去的教養與應對方式，讓她的內在有著不為人知的壓力以及孤單，即使在我已經改變應對的四年後，她依然容易在我無法陪伴時感到孤獨，時間一久，生病這狀況也隨之將至。

當我聽聞三三悶悶不樂，擔憂她的心情會影響身體，但我在距離她這麼遙遠的地方又能做些什麼呢？

那一刻，我想到了「愛」。

愛，是唯一能給人帶來支持與力量。

我想傳遞愛，即使相隔三千一百多公里，我想像如果能透過各種方式將愛傳送給她，如絲如網，從四面八方溫暖的包圍住她，那該有多好呀！

那麼，就讓愛，從天而降吧。

我傳了幾個訊息給當時三三的幼稚園老師、同學的媽媽，以及我的兩個好朋友。我邀請她們，如果有機會當面遇到三三，請他們幫我傳遞「愛」，幫我告訴三三，我很愛她，雖然遠在三千公里之外，但我依舊愛她，而且一直想念著她。

我想給三三支持的力量。雖然我不知道究竟有多少人能真正見到三三，就算見到了，能不能勇敢的為我傳遞愛，這些都無法預測，但我至少勇敢的送出邀請，「愛」就會以自己的方式啟程。

朋友為了傳遞愛，趕在三三放學被保母接走前，走到三三面前親口告訴她：「阿姨很愛三三，媽媽也很愛三三。媽媽要我告訴你，她不只愛你，也非常想你。」

朋友成功的為我傳遞了「愛」。

那天晚上，我撥電話給三三，她的聲音聽起來好極了。

我問三三：「你的聲音聽起來好開心，發生什麼事了嗎？」

三三說：「媽媽，我今天聽到好多人跟我說愛我。媽媽，你不但很努力工作，還很愛我，對不對？媽媽，我也好愛、好愛你哦！」

「是啊，三三，媽媽很愛你，我也很想念你。」

愛，在那一天啟程了，化成一隻隻小船，艘艘都安穩停泊在三三的內心港灣。

「從天而降的愛」成功的將三三守護住。那是長久以來，我第一次遠離孩子，但孩子沒有因我不在身邊而生病。

愛可以無所不在，只是愛需要用心去經營與表達。那些為了推送愛的小船所吹起的微風，一直都在，只是我從未去啟動它。如今小小的風揚起，把愛從遙遠的新加坡上空，一路吹送到三三的心上，交織成一張安全網。

每一陣揚起的風，不管是經意或不經意，都是珍貴且重要的。

我珍惜每一刻在孩子身邊的時光，然而生命終有限制，當時間走到盡頭，孩子該如何面對父母永遠的離席？

我開始構思「從天而降的愛」的故事，一個又一個關於死與生、關於愛與永恆的生命故事，希望藉由這些故事，將愛深深的刻在孩子們心裡，讓他們明白，即使面對死亡，也蘊含著豐沛的愛。

不管我在何方，愛永遠陪伴在孩子左右。

目錄 Contents

薩提爾冰山理論
與故事主題對照

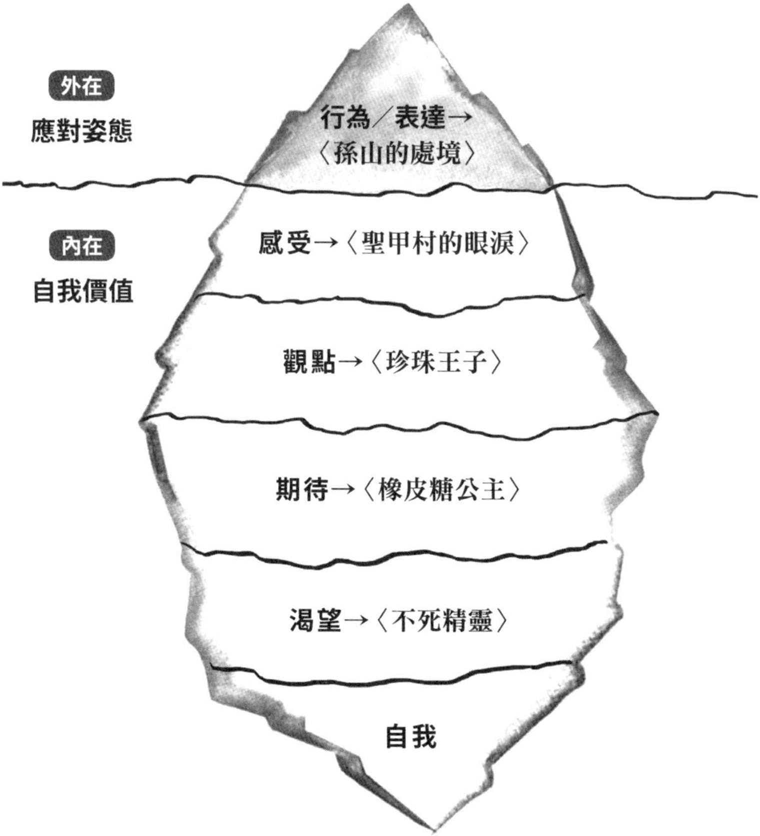

【前言】

透過故事，讓親子一層層接近愛

這是一本教養書。

這也是一本能讓父母連結孩子情感的親子書。

這更是一本讓孩子接觸「薩提爾模式的冰山」故事書。

一本書，三種意圖，聽起來不可思議，卻是家庭和諧觸手可及的藍圖。

這本書裡的主軸，是「五個關於愛的故事」，每一個故事都是以「寫給孩子的一封信」做為連結。每一封信裡討論的課題，都是一種愛的生命課題，議題涵蓋了「表達、期待、觀點、感受、渴望」等層次。

過去，我是兒童文學與少年小說作家，為推廣閱讀受學校之邀參與「與作家有約」活動，經常進入校園說故事給孩子聽，讓孩子從聽故事中引發閱讀興趣。

如今，我擔任「新店炫心星自學團」閱讀課老師，多年來帶領許多原本已經放棄學習的孩子重拾對閱讀的熱情與對寫作的喜好，這一切都歸功於「說故事」。

我喜歡說故事，孩子的天性也喜歡聽故事，餵養具有潛移默化作用的好故事給孩子，是最好的教育方式。一路實施故事教育多年的成效，讓我深信故事對孩子的成長深具影響力。

既然餵養孩子「故事」能給孩子帶來內心與外在的強大，那麼，誰是最好的說故事者呢？

我曾詢問許多孩子，誰是他們心中最會說故事的人？孩子們的回答沒有一次例外，答案永遠都是：「最會說故事的人，是媽媽（爸爸）！」

但這個答案出乎我意料，父母難道會比專業說故事的演講者說得還精彩？

但是轉念一想就明白原因了。因為父母說故事時，除了為孩子帶來精彩的內容之外，還會帶來三種額外珍貴的資源：

一、**我是被重視的**。

二、**我是有價值的**。

三、**我是被愛的**。

理解薩提爾模式的冰山層次，就能明白**以上三種資源都源自於冰山的「渴望」層次，並且直指向「愛」**。

透過孩子的回答，在在驗證了親子說故事的重要性，也成為日後我教養自己孩子時，日日餵養孩子故事的圭臬，因為「父母是孩子最初、也是最重要的老師」。

這本書的故事內容，皆圍繞在薩提爾模式的冰山層次上，讓孩子透過故事理解冰山的層次之外，也藉此理解「真正的愛」該如何表達。

薩提爾模式，是二十世紀美國心理學大師維琴尼亞．薩提爾（Virginia Satir）所整理歸納出來的一系列應對人際、家人、孩子的溝通模式。薩提爾女士不僅是一位心理學家，更是開創家族諮商先河的諮商師，她擅長以豐富的眼光看待家庭中每個人的資源，看見每一個人都是晶亮的寶石，連結親子間渴望被看見的期望，疏通家庭裡被阻塞的愛，拉近家人間的距離。

「冰山理論」是薩提爾女士在家族諮商時，經常運用的一個系統工具。她以每一個人都是一座冰山為比喻，將一個人的狀態分為看得見（外顯）和看不見（內隱）兩部分，露出水平面以上的冰山，是我們可以看得到的行為，而深藏在水平面以下的冰山，則是所有人都看不到的真正成因。「冰山」清楚詮釋了一個人的「行為」，有時並不代表一個人真正的本意，如果我們僅憑「行為」來判斷一個人真正的想法，將會造成偏頗的誤判。

例如，有些父母認定功課的好壞會影響孩子的前途，為了孩子未來著想，深愛孩子的父母會以打罵的方式逼迫孩子用功讀書。對父母而言，這是他們愛孩子的展現，然而對孩子而言，父母的「行為」粗暴根本不像是愛。

比如說，有些孩子長大成年後為感謝父母的養育，在特殊節日帶父母上餐館吃飯、買禮物，孝敬父母過往的辛勞，然而得到的卻是父母的責罵，氣惱孩子不知節儉胡亂花錢，一如我的父親。

過去，父親對我的回饋總以責罵來應對，讓我頗為受傷。我很愛父親，我以我覺得最好的方式來愛他，他不但不領情，還以責罵來回應我的愛，我們親子間的關係無形中有了阻礙。

學習了薩提爾模式、理解「冰山」之後，我對父親的責罵有了不一樣的理解，因為父親責罵的行為之下（冰山下），隱藏著父親內心看不見的深意，那是一份對子女深切的愛。

父親是愛我的，只是展現出來的是「責罵」的方式。

父親的愛，理應是珍貴的，但他表達「愛」的方式卻錯失了與我連結的機會。

再怎麼巨大的愛，只要表達的方式不對，就不是真正的愛。

我愛我的父親，父親也愛著我，但為什麼距離卻越愛越遙遠，脾氣越愛越火爆？予取予求、任性妄為、強人所難、犧牲奉獻……這些是愛嗎？

如果不是，那什麼才是「真正的愛」？

這本書將透過一則又一則生動的故事，將「愛」演繹出來，讓孩子在聽故事的過程中，逐漸明白不尊重他人的任性行為、委屈自己來討好他人，或壓抑自己情緒藉此滿足他人的期望，這些都不能算是「真正的愛」；真正的愛是**「既能表達自己內心真正感受，也接納生命自然輪替的樣貌，更可以連結他人的渴望」，這樣的方式，在薩提爾模式裡，薩提爾女士將之稱為「一致性」的表達方式。**

愛，在冰山的圖層裡，位於「渴望」的層次，但有些行為卻打著愛的旗幟，行勒索的意圖，因此書中的五個生動故事，就是為了讓孩子能學會辨別「愛」的真意而特別設計的，每一篇都有一個重要的冰山課題值得學習：

〈橡皮糖公主〉，「期待」的故事

為什麼全世界最善良的奧蘿拉公主，卻為王國帶來最恐怖的災難？

為什麼消除災難的方法，居然是直接把真公主換成假公主？

不切實際的期待，是傷害彼此的開端，奧蘿拉公主該如何把會傷人的期待，轉化為與人連結的溫暖動力？

〈橡皮糖公主〉是關於「期待」的故事。讓人生充滿希望，但不該將希望建築在別人的痛苦上，那只會讓「期待」成為關係的殺手。

〈聖甲村的眼淚〉，「感受」的故事

因為恐懼，雷娜流下眼淚，意外害自己的父親遭海盜殺害。從此，雷娜成了沒有眼淚的人。

最初的時候，眼淚是恐懼，然而眼淚不只是眼淚，隨著事件和心境的改變，眼淚變成了接納。

最後雷娜的眼淚，變成了威力強大的勇氣，幫她擊退了海盜。

〈聖甲村的眼淚〉是關於「感受」的故事。真正的勇者，是認清了眼淚的真相，真心的接納它，並且去擁抱它。

〈孫山的處境〉，「表達」的故事

孫山進京趕考，雖然是最後一名，但至少榜上有名，不過同鄉的人卻落榜了。本應該開心的孫山，同時也陷入了尷尬的處境。面對鄉人的追問，不管炫耀或低調，都只會讓孫山的處境更加尷尬。

有人一說話，別人就掏出武器，但故事裡的孫山一說話，所有人卻生出智慧與勇氣。孫山究竟說了什麼，他是如何表達的？

〈孫山的處境〉是關於「表達」的故事。學會孫山的表達法，人人都能長出智慧，成為生活中的哲學家。

〈珍珠王子〉，「觀點」的故事

「人不為己，天誅地滅」的「為己」是什麼意思？有人理解成「自私」，有人理解成「修為自己」，一個人的觀點決定了自己該怎麼活。

就像卡特爾王子，最初他為別人而活，受到百姓愛戴，卻漸漸失去自己。後來，卡特爾王子聽到海妖的歌聲，決定為自己而活，卻從此被百姓唾棄。該把自己活成珍珠，還是別人膜拜的石像？讓我們跟著卡特爾王子，走上一條不斷變換觀點，從此風景美麗不斷的人生道路。

〈珍珠王子〉是關於「觀點」的故事。下結論之前，先想一想自己是站在誰的觀點？還有，永遠不要只下一次結論。

〈不死精靈〉，「渴望」的故事

人生有兩大悲劇。

一、心中沒有愛的人，永遠不會死，只能一輩子孤獨的活著。

二、心中充滿愛的人，絕對不能說，愛一說出口就會立刻死去。

很不幸的，這兩大悲劇都讓丑老精靈遇上了，他該如何掙脫史上最不幸的命運？〈不死精靈〉是關於「渴望」的故事。察覺內心的渴望，才能連結人與人的情感，走出生活的悲劇，活在愛的世界。

這五個故事涉及的層次很廣泛，探討的議題也涵蓋了生命課題，如：表達、選擇、承擔、愛與死亡，而這些故事的原型，都是過去我為三個孩子說的睡前故事，也是我多年在家中實施「故事教養」的原典。如今寫下這些故事，希冀幫助更多想要讓孩子浸潤薩提爾模式的父母們能有所本，讓孩子透過聆聽故事學會「真正的愛」，也拉近親子關係。

「愛」，稍有偏差，呈現出來的樣子就大大不同。理解冰山各層次的意義與表現，孩子將更能體會準確表達的重要，而父母也將更懂得回應孩子層出不窮的要求，如年幼的孩子要求媽媽買玩具、大一點的孩子要求買手機、青春期孩子要求開放3C時間，如果父母不滿足，孩子便指責父母不愛他。

理解冰山，父母會明白孩子的要求只是「期待」，面對物質上的期待，父母要回應的不是物質，而是「允許」孩子期待落空，並告訴孩子：「雖然媽媽沒辦法滿足你的要求，但是媽媽是愛你的。」

物質的滿足與真正的愛，是截然不同的層次，透過故事，親子將學會更一致性的表達，傳遞真正的「愛」，而不是打著愛的名號，進行傷害的行為。

正在閱讀此書的父母，可以先理解故事要傳遞的冰山概念，體會每個故事想傳遞的議題，再轉述給孩子聽（或孩子自行閱讀），之後再按書裡寫給三三的話，與孩子討論相關議題。可以多讓孩子說，父母則以引導方向及聆聽為主，讓孩子深深感覺到自己的重要，這將是孩子成長過程中，最難忘的親子親密時光，也是我書寫這本書最想要送給親子最珍貴的禮物——愛。

每一個人，都值得被愛，希望所有孩子都能在愛的包圍下，漸漸生長出力量與勇氣。

給孩子的話①

親愛的三三：

你是媽媽和爸爸的第一個寶貝，你出生的那一刻起，我品嘗到第一次當媽媽的滋味，當然，爸爸也是。

我和你的父親對於要成為你的父親、母親，都感到很緊張，也很興奮。但畢竟我和你父親都是第一次當父母，有許多事還在學習，對於什麼是愛，什麼是寵，什麼是放縱，我們都不清楚，只能憑著本能與直覺當一個理想的父母。有時候我們做得好，有時候我們也做得不好。不管好與壞，請你相信，我和你父親都非常愛你。

然而，什麼是愛？

愛，看不到，也摸不著，愛一個人，要如何讓對方知道我們很愛他呢？

買禮物送給對方？親口說出愛對方？擁抱對方讓對方感覺愛？以自己想得到的方式服務對方？

究竟哪種愛的表現，才是真正的愛？

事實上，前面幾種方式都是愛，卻也都不是愛。

你肯定要問：「這是什麼意思呀？什麼叫都是愛，也都不是愛？」

其實，真正的愛，非常特別，因為每一個人想要的「愛」都不一樣，所以愛的表現方式會因人而異。比如說，有些人從小到大很少有人送禮物給他，所以他覺得只要收到禮物就是被愛。但是有些人從小就擁有許多禮物，禮物多到整個房間都塞不下，這些人會覺得送禮物才不是愛，「被擁抱」才是真正的愛，擁抱才能真實感受到被重視。

所以，真正的愛，究竟是什麼？

我們幾乎可以這麼說：**只要能讓對方「感覺」被愛，並且感到幸福與滿足，那就是真正的愛了**。換句話說，如果你給出去的愛，讓對方不舒服了，就算你的東西再珍貴，都不能算是愛。

為了讓你更理解愛，我要送你一份「薩提爾奶奶」給予的生命禮物，這份禮物會讓你更理解愛的真諦。

薩提爾奶奶是二十世紀非常有名的心理學家，她專門傾聽別人痛苦的心事，然後從痛苦的故事中，發現隱藏心底的寶藏。當薩提爾奶奶小心翼翼的把寶藏挖掘出來之後，那個人就會從痛苦中驚醒，發現自己原來是幸福的。

薩提爾奶奶說，不管一個人的行徑看起來如何惡劣，肯定都有一個不得已的苦衷，才會促使他做出那樣的行為，而那個苦衷，就是薩提爾奶奶眼中閃閃發光的寶藏，她稱之為「冰山」。

三三，你看過冰山嗎？冰山，出現在海上時，是那麼的絕美卻又孤獨，但是我們看到的冰山，並不是全部的樣貌，那只是露在海平面上的一小部分而已，在我們看不到的海面下，隱藏著更巨大巍峨的冰山呢！

薩提爾奶奶將一個人展現出來的樣貌比擬為冰山，就像你的妹妹川川大吵大鬧時，我們看到的吵鬧（行為），只不過是巨大冰山的一角，想徹底瞭解妹妹哭鬧的原因，不能光靠眼睛，還得用行動去挖掘埋藏在水面下的冰山，才有可能知道妹妹會吵鬧是為了引起媽媽關心，因為她想得到媽媽的愛。

愛，在薩提爾奶奶的冰山裡，是最重要的存在。

一個孩子誕生後，如果能從父母那裡得到真實的愛，他就能成為愛自己的人，而一個真正愛自己的人，才能對他人付出一份真正的愛，如此一來，就能不停的循環下去；就像媽媽對你一樣，無論你是什麼樣子，媽媽都會一直愛你。

媽媽相信，等你長大，有機會成為一位母親的話，也一定會這樣愛著你的孩子，一代一代的影響著。

可是三三，你還記得媽媽在你兩歲以前，並不是一個懂「愛」的媽媽嗎？那時，媽媽給你的愛都是命令，就像你對妹妹一樣，總是在言語裡夾雜著各式各樣的要求。

記得有一次，妹妹騎腳踏車摔了一跤，手臂都磨破皮了，你好心疼她。那時你就像個大人竭盡所能的照顧她，一會兒怕妹妹屁股痛，要妹妹坐在你鋪設的軟墊上；一會兒怕她口渴，要她喝一口你給她的水。

三三，你把全世界最好的東西都給了妹妹，雖然無法讓妹妹立刻不再疼痛，但你盡自己所能希望妹妹趕快忘記疼痛的努力，確實讓妹妹感動。

你用你覺得最好的愛去愛妹妹，但是妹妹的傷口實在太痛了，最後仍然受不了，哭著想找媽媽。你聽到之後非常生氣，覺得自己已經這麼愛妹妹了，為什麼妹妹要的不是你，而是媽媽？你感覺自己付出去的愛，都白費了。

你很生氣的告訴妹妹，如果找媽媽，就不再對她好，以後也不會理她了。

然而妹妹實在太痛了，最後還是選擇了媽媽，你怒不可遏。

對於妹妹的選擇，我想你肯定感到困惑又生氣，覺得妹妹怎麼可以一面享受著你的愛，卻又不愛你。

三三，愛到底是什麼呢？

如果愛一個人，就要求對方完全聽自己的話，不容許他人擁有自己想法的愛，是愛嗎？

如果愛一個人，就得割捨掉其他人的愛，不能再與任何人連結，這是愛嗎？愛，一次只能愛一個人，還是可以同時愛許多人呢？

當自己和他人都需要愛的時候，到底要先滿足別人的愛，還是滿足自己的愛，才是正確的呢？

關於愛，我們有太多可以談論的方向，每一個方向都涉及到薩提爾奶奶說的冰山層次。現在，讓我來講一則關於只愛自己的故事——〈橡皮糖公主〉，從故事裡細細去體會「以愛為名，要求別人聽話」這樣的方式，是不是真正的愛吧。

第 1 章

橡皮糖公主

「期待」的故事

遠方的天邊已經微微亮了，
每一個黎明來臨，都得經歷一段漫漫長夜的黑暗。
你經歷了一次黑暗的洗禮，
暗夜之後，真正的黎明就會來臨……

三年了，王國裡的所有人，都受夠奧蘿拉公主了！

普羅蘭王國，是一座用神奇橡皮糖吹出來的國家。

宮殿是橡皮糖，國王的王座是橡皮糖，就連美麗的空中花園，也是橡皮糖吹出來的。

普羅蘭的空中花園，獨一無二，不僅美麗，還非常獨特，它飄浮在半空中，陽光穿透橡皮糖花園時，絢爛得讓人不敢直視。

橡皮糖花園無論白天黑夜，總是散發聖潔的光。花園裡開滿各種顏色的花朵，飛舞著七彩的蝴蝶，優美的長尾鳥在花圃裡穿梭。

風，吹過花園，帶起一片清新的花香，宛如仙境。

普羅蘭王國因為這座花園而遠近馳名，不過比起花園，大家更想看的，是國王的女兒——奧蘿拉公主。

奧蘿拉公主的父親，是一位仁慈的王。

國王從不苛捐雜稅，為了讓百姓過好日子，國王不惜冒著生命危險，親自到海上與凶惡的鄰國進行交易，只為了賺取更多的錢，讓百姓免除稅捐。

交易帶來龐大的收入，也帶來百姓的愛戴。

在普羅蘭王國最富裕的那一年，國王與深愛的王后結婚了，他們的婚姻受到百姓的祝福。

然而，厄運卻隨著祝福一起降臨了。

國王與王后一直無法懷上孩子。

王后日夜祈求，國王為此傷神，百姓們也都為此難過。

仁慈的國王和善良的王后如果能擁有和他們一樣仁慈又善良的孩子，那該有多好？百姓們不斷的為國王和王后祈禱。王后自己也經常到神殿祈求上蒼。

國王為此抽了一支籤，上頭寫著：

無子，國家鼎盛。有子，王國之災。王者擇一，天理順應。

籤上寫的意思是，只要真心祈求，神明就會順從國王的願望。如果沒有孩子，國家將永遠昌盛；如果擁有孩子，孩子將帶來一場災難。

國王看到籤詩，為難了。

王后看到國王的籤詩，淚流不止。

王后不想為難國王，但是沒有孩子的日子讓她感到絕望。她對國王說：「我不明白，但我能理解。」

說完，王后隨即哭倒在柔軟的墊子上。

幾年過去，普羅蘭王國強盛極了，國王很欣慰，卻也深深覺得遺憾，畢竟沒有子嗣的王國，讓人不安。

國王和王后早已不再談論孩子的話題；不只是孩子，很多時候王后都是靜默不語，臉上帶著愁容。

國王想安慰王后，但王后總是淡淡說一句：「我不明白，但我能理解。」接著轉身離開，不想與國王再有任何交集。

王后不明白什麼？能理解什麼？國王不知道。國王只知道，自從他抽到那道籤詩，王后對他只剩下「我不明白，但我能理解」這句話了。

國王很苦惱，王國再強大，王后不開心，一切都失去了意義。

國王自私的想，是時候該有一個孩子了。

然後，王后懷孕了。

王后生下一位公主，國王為她命名為「奧蘿拉（Aurora）」，具有曙光、黎明與希望的神聖寓意。

王后喜極而泣，給了國王深情的擁抱。

奧蘿拉是所有人企盼的孩子，在她還沒有到來之前，王后抑鬱寡歡，百姓也不敢開心度日；奧蘿拉的到來，為國家帶來了快樂。

奧蘿拉有著一雙比天空還澄澈的大眼睛，以及讓所有人都受到療癒的笑容。

奧蘿拉出生後，不只國王與王后疼愛她，所有王宮大臣都搶著抱奧蘿拉。

所有的人都全心全意愛著奧蘿拉，他們恨不得將天上的星星和月亮通通摘下來送給她，只要能讓她開心的笑，他們就心滿意足。

奧蘿拉最喜歡的地方就是王國裡的橡皮糖花園。那裡有迷人的景色，迷人的花香，還有可以盡情彈跳的橡皮糖花圃。

奧蘿拉在花園裡一邊跳，一邊開心的大笑，每個百姓只要仰頭，就能看見奧蘿拉在天空花園裡開心的樣子，心情也會美妙起來。

奧蘿拉不只笑容像個天使，心地也是個天使。

三歲時的奧蘿拉，看見比他還大一點的宮女提著沉重的水果籃氣喘吁吁走不動的時候，她會奶聲奶氣的問：「需要幫忙嗎？」

如果小宮女點頭，她會用小手，從中拿取自己拿得動的水果，一手一個，然後告訴宮女：「我的力氣小，能幫你的不多，但這是我的心意，我會和你一起努力，陪你直到工作完成。」

宮女聽了小小公主的話，感動的流淚。

每一個人都喜歡與奧蘿拉在一起，只要有奧蘿拉在身邊，就感覺到生命充滿了希望。

奧蘿拉深受每一個人喜愛。

國王欣慰的看著奧蘿拉長大，慶幸籤詩說的災難並沒有降臨。但國王不知道，災難其實已經來了。

奧蘿拉六歲那年，她到普羅蘭最美麗的花園遊玩。花園非常遼闊，宮女陪著奧蘿拉盡情的欣賞著。

突然，天空下起了石頭雨。豪大的雨陣中，夾帶著大顆小顆的石頭，從天空不斷的砸落。宮女從來沒有見過這樣的情景，嚇得到處亂竄，等宮女想起公主時，發現公主居然不見了。

「公主！你在哪裡？快回來！」

宮女扯破喉嚨，不停的大聲呼喊，都不見公主的身影。

石頭雨漸漸停歇，宮女在隱密的樹叢後面發現奧蘿拉的裙子。

「公主？是你嗎？」宮女試探。

奧蘿拉從一棵松樹後面走出來，一臉倔強。

「公主，你還好嗎？」

奧蘿拉眼神倨傲的看著宮女，神情不耐的說：「有什麼好不好的，囉唆。」

宮女眨眨眼睛，不敢相信自己的耳朵，這是溫柔的奧蘿拉？

宮女轉移話題：「公主漂亮的裙子都髒了，衣服上到處都沾滿泥巴水，穿這一身髒衣服回宮殿，恐怕得挨罵了。」

公主一臉嫌惡的看著宮女說：「你也知道我髒？還不趕快把你身上的衣服扒下來給我！」

宮女愣愣的看著公主，她從沒聽過天使公主會說出這樣的話。

那場大雨帶來了災難，帶來了泥濘，沾汙了奧蘿拉純淨的心靈。

奧蘿拉的眼裡從此沒有別人，只有她自己。

善良的奧蘿拉變了。

「我想做什麼就做什麼，你們都得聽我的！」

大臣對奧蘿拉唯唯諾諾。

「去把花園裡的玫瑰花都摘下來，鋪滿我的房間。」

宮女唯命是從。

「我要紫羅蘭盛開在白雪裡，我只要最美，不要庸俗。」

隨從忙忙碌碌。

「楊柳樹就該成為我床邊的自然床幔，從自然床幔裡醒來，才叫幸福。」

王國裡的所有人都只為奧蘿拉奔忙，王國開始停止運轉。

每天，奧蘿拉都有新的要求，只要宮女或大臣做不到，奧蘿拉總會想到方法懲罰他們，最後還會哭著去跟父王和母后哭訴：「我好可憐，都沒有人愛我，他們說愛我，都是騙人的。」

王后對奧蘿拉的話深信不疑，開始對大臣和宮女感到失望，怎麼可以這樣對待她唯一的寶貝。

只有國王氣得全身發抖。

國王知道，災難，真的來了！

在奧蘿拉不講理的要求下，橡皮糖花園很快遭到毀壞。

「一個橡皮糖花園不夠，我要十個橡皮糖花園！」

國王發怒了。「奧蘿拉，不要再胡鬧了！」

「父王，你不愛我了！我要去和母后說。」奧蘿拉大哭。

「和你母后說也沒用，我會叫你母后懲罰你！」國王怒喝。

「你不愛我，你從來都不愛我，你心疼橡皮糖花園比我多，你愛你的大臣和宮女比我多，你捨不得你的王國比我多，我是個沒人要的公主。」奧蘿拉大哭。

奧蘿拉的哭聲讓國王煩躁。

「早知道就不要生下你！」國王震怒。

六歲的奧蘿拉哭得更崩潰。

國王頭疼不已。

王后聽聞哭聲，將奧蘿拉護衛在自己身後，眼神冷峻的看著國王。

奧蘿拉巴著母親的衣裙，悲傷的將臉埋進母后的懷抱裡。

「母后，父王不愛我，全世界的人都比我重要，我是沒人愛的公主。」奧蘿拉哭得傷心。

「孩子，就算全世界都不愛你，母后還是愛你，不要怕。」王后柔聲說。

「王后，你聽我說，我剛剛不是故意要……」國王解釋。

王后手一揮，道：「『我不明白，但我能理解。』」

王后左一句不明白，右一句能理解，聽得國王頭皮發麻，他知道王后肯定是想偏了。

王后帶著奧蘿拉離開宮殿，走之前，留下了一句國王最害怕的話：「你本來就不想要孩子，我不明白，但我能理解。」

國王知道王后最後還是誤會他了。他無力的癱坐在王座上。

日子就這樣過了三年，九歲的奧蘿拉在王后的庇護下，顯得更囂張跋扈，所有人都受夠奧蘿拉了。

一天，奧蘿拉把自己拱上了絕境。

她站在自己的寢宮前欣賞難得的晚霞，沒想到天空居然有個礙眼的東西擋住了她的視野。

「可惡的橡皮糖花園，我要去把它戳破，讓它不能再飄浮。」

奧蘿拉找了一把剪刀，盛氣出門。

宮女問：「公主，你要去哪裡？」

「我要去把晚霞還給天空。」

宮女完全不知道公主在說什麼，將晚霞還給天空需要用到剪刀？

宮女抬頭看了天上霞光滿天，突然眼睛一跳，盯著半空中的橡皮糖花園。

「不會吧！」宮女才剛說完，就見橡皮糖花園像洩氣的皮球筆直從天空墜下。

「天哪！」宮女大叫。

橡皮糖花園直直墜落，砸在地上，塌軟的倒在王宮的城門邊。

宮女朝城門狂奔，氣喘吁吁還來不及進去，就見九歲的奧蘿拉從裡頭走出來，手上還是那把剪刀。

「公……公……公主，你怎麼把花園……」宮女驚嚇得連話都說不清楚。

「礙眼。走開。」

奧蘿拉的前一句，說的是花園，後一句說的則是宮女。

「這……這……」宮女牙齒打顫。

走遠的奧蘿拉突然又折了回來，她看著宮女。

「公……公主，你把花園剪破了，不怕……不怕國王責罰嗎？」宮女一想起國王惱怒的臉，頭都痛了。

「當然怕呀，所以才回來找你。」公主拉起宮女的手。

宮女的手一陣冰涼，低頭一看，手上多了一把剪刀。

「啊？」宮女尖叫，握著剪刀像拿著燙手的山芋。

「你好好想個說詞，不然國王要責罰你囉。」公主笑嘻嘻的走了。

奧蘿拉把這個爛攤子丟給宮女處理。

國王很快聽到飄浮花園掉下來的消息，立刻召宮女進宮。

宮女對國王撒謊，辯解當時她和公主都在寢宮看晚霞，花園是自己掉下來的，不關公主的事。

但是，國王一個字也不信。

面對公主乖張的行為，國王決定要嚴懲奧蘿拉。

國王下令：「偷偷把奧蘿拉抓起來，不要讓王后知道。」

國王不容許奧蘿拉再這樣蠻橫下去。

國王要把奧蘿拉抓起來的消息，傳遍了王宮。

宮女和奧蘿拉都知道了。

「公主怎麼辦？國王的侍衛隊馬上就要到了。」宮女很著急。

「怕什麼，我不是還有母后嗎？」奧蘿拉雙手插在腰間，身軀雖然嬌小，卻透露出強大的氣勢。

「王后被國王保護起來了，你一過去，立刻就會被抓的。」宮女說。

奧蘿拉蹙起小小的眉。「父王真是太過份了。」

「現在該怎麼辦？」宮女焦急。

「不過就是一個飄浮花園，比我還重要嗎？父王不愛我，母后也不管我，這世界上沒有一個人真正關心我。」奧蘿拉嘟起小嘴，一臉哀怨。

「現在怎麼辦？」宮女又問。

「煩死了，你只會問我怎麼辦。還能怎麼辦，跑啊！」

奧蘿拉帶著幾個隨從和宮女在王宮裡亂竄，最後跑進了塌在城牆邊的「橡皮糖花園」。

花園這幾年雖然被奧蘿拉摧殘，但精緻的花園雛形仍依稀可見。

奧蘿拉把花園的大門鎖起來，命人趕緊把凌亂的花園恢復原樣，她要在裡面舒服的過日子。

隨從將破掉的橡皮糖重新用樹脂黏合，灌入空氣，橡皮糖再度飄浮在半空中。

國王站在宮殿前，看著緩緩升空的橡皮糖花園，嘆了口氣。

一旁得知國王要捉捕奧蘿拉的王后，眼淚不停的流。

「奧蘿拉還小，請國王饒了她吧。」王后虛軟的靠在國王身上。

面對王后的眼淚，國王再次嘆氣。

他不忍王后傷心，也不想硬將公主從花園裡拖出來，畢竟有損皇家顏面呀。

國王下令撤回所有士兵，決定不再追究。

奧蘿拉住進普羅蘭花園裡。

跟著一起住進去的，除了隨從和宮女，還有公主的壞脾氣。

宮殿少了奧蘿拉，瞬間寧靜許多，不過，橡皮糖花園可就沒那麼幸運了。

花園裡，奧蘿拉開心的時候少，生氣的時候多。

宮女們雖然做好隨時隨地被罵的準備，仍然非常害怕，不是怕被罵，而是怕野蠻的奧蘿拉又會想出各式各樣折磨他們的方法。

公主要喝水，宮女來得慢了，公主就罵宮女是想渴死她嗎？宮女如果來得快了，公主又罵宮女慌慌張張什麼，一點優雅的樣子都沒有。

公主的野蠻，不只對宮女和隨從，連花園裡的大樹和昆蟲都會遭殃。

公主追逐花園裡的蝴蝶時，樹枝勾破裙子，公主也生氣，氣樹枝沒禮貌，居然敢把她的裙子勾破，她命人立刻把大樹砍斷、把蝴蝶的翅膀折了，要不是宮女和隨從暗地裡把蝴蝶放走，花園裡早就見不到蝴蝶了。

一天，奧蘿拉走過花園，看見當初勾破裙子的樹幹居然還在，發現隨從根本沒有按照她的命令砍下這棵大樹，氣得伸腳踹了樹幹。

沒想到這一踹，驚擾了樹上的蜂窩，引來大批蜜蜂，嗡嗡嗡嗡，把公主叮得滿臉都是包，於是公主氣得命人把花園裡的蜜蜂都趕出去。

花園太大，蜜蜂趕不完，公主就怪罪宮女，大聲嚷嚷：「都沒有人愛我，我怎麼那麼不幸！」

每次奧蘿拉罵完，會哀怨的躺在躺椅上，看著湛藍的天空，不禁悲從中來。父王和母后口口聲聲說愛她，卻處處管教她，事事都不如她的意，這樣不是很矛盾嗎？

委屈的奧蘿拉，眼角溼潤。

公主在普羅蘭花園的行徑傳遍大街小巷，漸漸的，百姓們都不再稱呼公主為「奧蘿拉」，因為公主帶來的根本不是國家的希望，而是無止盡的黑暗。

公主不配「奧蘿拉」這個名字。

野公主，成了公主的綽號。

野公主不管走到哪兒，宮女遠遠看見了，一個個都跑走，沒人敢靠近，深怕自己又惹她發脾氣。

有一天，野公主覺得天空好藍，陽光好舒服，找人鋪了墊子，讓她在晴空下的花園裡睡覺。

公主睡了半天，覺得好熱，於是她生氣的罵宮女：「太陽這麼大怎麼睡？還不趕快去把一棵樹搬來這裡，是想熱死我嗎？」

宮女東挪西挪，好不容易從花圃裡挪來一棵大樹，種在公主旁邊。大樹的樹蔭正好擋住了熾熱的陽光，為公主帶來舒服的涼意，但這片涼意也遮住公主喜歡的天空。

野公主又發怒了。

公主大罵：「誰叫你們把我的天空遮住，還不快把樹葉砍了。」

宮女左右為難。砍了樹，公主會很熱；不砍樹，公主又要發怒。最後不得已，只好閉著眼睛把樹枝全都砍了，只剩下光禿的樹幹陪著公主。

太陽很快的又照在野公主身上，她果然又發怒了。

「是想曬死我嗎？」

宮女和隨從都非常討厭公主，她們想不明白，仁慈的國王和王后為什麼會生下蠻橫不講理的野公主呢？

貼身宮女說：「公主還小的時候，多麼可愛善良。小公主非常體貼，哪像現在的公主這麼蠻橫！現在這個說不定是個假公主，被壞蛋掉包，以前的小公主才不會這樣隨便亂發脾氣。」

另一個宮女附和著：「對呀，肯定是假的！我們應該聯合起來修理她，不能再讓這個野公主繼續撒野下去，我們應該為國王和王后出點力。」

這時，有個英俊的隨從艾布納站了出來。

艾布納是個安靜的隨從，他的個性沉穩，總是默默幫助宮女和隨從完成公主交代的事。被艾布納幫助過的宮女會羞紅著臉，心兒怦怦跳，因為艾布納的眼睛裡有著奇異的光亮，實在太好看了。

艾布納從不說別人不好，尤其不說野公主的壞話，他總是默默的做著所有苦差事，默默的跟在野公主身旁。

直到野公主命人挪大樹來遮陽，最後卻砍下大樹的枝葉的這一天，他終於打破了沈默。

艾布納站出來，口氣平穩的對所有隨從和宮女說：「如果大家都想要幫國王和王后找回過去溫柔體貼的小公主，我有個方法。」

艾布納的話，引來所有宮女的好奇。

艾布納繼續說：「我認識一個法師，他住在遙遠的河岸，他的法力無邊，專門捕捉壞靈魂，大家都稱他為『大魂法師』。大魂法師有個厲害的寶物，叫『真假橡皮糖』，只要被真假橡皮糖黏上額頭的人，橡皮糖就會進入對方的心靈，吸附出靈魂深處僅存的善良，然後以此為能量，製造出一模一樣卻絕對溫柔善良的人出來。」

「好，好！我們要去拿這個橡皮糖，讓壞公主消失，讓好公主回來！」宮女和隨從歡呼。

國王一直沒有放棄公主，艾布納的出現，就是最好的證明。

艾布納原本住在「智慧村」，是智慧村裡最年輕的智者。

從小，艾布納就能運用他的聰明，他有引發動物情緒的潛力，能讓一隻膽小的松鼠變成像豹一樣勇敢；讓一頭喪失理智的野牛，變成像乖順的小貓。

艾布納以溫暖喚醒動物原始的善良，以愛激發生命潛能，因此村裡的人喜歡稱他為「生命能量師」。

為了將公主教育成真正的希望之光「奧蘿拉」，國王重金聘請艾布納進宮，為的就是希望艾布納能用智慧來改變野公主。

「請當奧蘿拉的老師，教導她應有的禮儀，以及應有的善良吧。」國王說。

艾布納拒絕了。

艾布納要求：「請容我做公主的隨從，讓我從旁引導公主。沒有人能成為另一個人的老師，因為生活才是我們真正的老師。」

國王不答應，「這樣太委屈智者您了，怎麼能讓您做隨從呢？這樣公主更不可能尊敬您呀！」

艾布納說：「如果受到他人的尊重，得靠老師這層關係，公主就永遠學不會真正的尊重。」

拗不過艾布納的堅持，國王只得照艾布納的要求，任命他為公主的隨從。

艾布納的話不多，大多時候他都靜靜的觀察公主，公主發脾氣的時候，他也只是默默協助其他宮女完成公主的難題。

隨著日子一天天累積，蠻橫無理的公主，終於將身邊所有的宮女和隨從都惹怒了，艾布納覺得改變公主的時機終於到了。

艾布納對所有宮女和隨從講述了「真假橡皮糖」的事，引發僕人們的好奇。他拿出身上一塊橡皮糖，說：「我身上就有一塊法師給的『真假橡皮糖』，如果大家決定把假公主換掉，這是個好機會……」

艾布納還沒說完，公主突然從楊柳樹下走過來。

「你們在幹什麼？」

公主走上前，把艾布納手中的橡皮糖拿在手上把玩。

「這是可以吃的嗎？」

公主將橡皮糖放在嘴巴咬了一口，隨即乾嘔著說：「噁，好噁心！這到底是什麼東西？」

隨從和宮女心跳得很快，紛紛將目光投向艾布納。

艾布納笑了笑，英俊的臉龐，瞬間讓野公主看呆了。

「公主，這是橡皮糖，不能吃，它的用處有很多，建造飄浮的花園是其中之一，另一個則可以幫助這裡的宮女和隨從的困境，因為……」

艾布納想對公主坦承所有的計畫，卻被公主打斷。

「好了好了，我知道了，這是為了補橡皮糖花園之前的破洞吧？不需要跟我交代要怎麼修理這座花園，煩死了。」公主說完甩著頭髮，扭頭就走。

看到公主離去的身影，每個人都吁了一口長氣。

「剛剛真的好險！」

「差一點就被公主發現！」

「萬一公主知道我們正在準備的計畫，不扒了我們的皮才怪。」

宮女和隨從紛紛說出心裡的擔憂。

艾布納安靜的看著他們，沒有說話。
有個宮女再度想起艾布納手上的橡皮糖。
「艾布納，原來空中花園就是用你手上的橡皮糖建造的呀？」
「法師的這塊橡皮糖功用非常多，當初國王……」艾布納話還沒說話，又被貼身宮女打斷。
「只要把這塊橡皮糖吸附在公主的額頭，就可以得到一個全新的善良公主，是真的嗎？真的有這麼神奇？」貼身宮女問。
隨從和宮女一想到壞脾氣的公主就要被心地善良的公主給取代，都忍不住露出奇特的笑容。
「到時候我們不用再受野蠻公主的折磨了。」
「可以趁機把野蠻公主扔進花圃裡，讓她嚐嚐沒有人理的滋味。」
「我們只要教育好純真善良的橡皮糖公主，國王和王后肯定會感激我們，整個王國都會因此再度幸福起來。」
宮女們興奮的談論這些事的時候，沒有一個人發現原本已經離開的公主，又跑回來了。
她躲在一旁的草叢偷聽到這一切，手上還拿著一把嚇人的剪刀。

原本走遠的公主，是因為想到一個惡整宮女和隨從的計畫，一邊偷笑一邊拿著剪刀悄悄的回到宮女聚集的地方。

既然宮女們要修補花園的破洞，公主不介意幫他們再剪出幾個洞，讓他們忙得盡興些。

但是公主哪知道這一偷聽，居然聽到了他們恐怖的計畫。

原來，大家這麼痛恨她。

公主的眼神不自覺望向人群中的艾布納。

公主希望艾布納跳出來制止大家，因為他看起來那麼和善，不像是會做出歹毒惡事的人。

但是，艾布納什麼話也沒說，他只是微笑的看著宮女和隨從們，彷彿鼓勵他們大膽說出心中的計畫。

公主非常受傷。

萬一宮女和隨從真的做出「橡皮糖公主」，她該怎麼辦？

公主慌慌張張退出花園，跌跌撞撞朝花園深處跑去。

「我不想消失。」

野公主沒有朋友，她不知道該向誰求救。

「找父王和母后，他們肯定會救我的……」

一想到父王對她失望的臉，她就退縮了。

公主對自己的處境感到哀傷，她真的這麼糟糕嗎？

野公主深吸一口氣，安慰自己：「我沒有錯，他們口口聲聲說愛我，卻處處管我，不讓我做自己想做的事，他們才是做錯事的人！」

野公主邊跑，邊流著淚，覺得自己好委屈！

隨著公主退出花園，艾布納的眼角也跟著公主離去的方向，不經意的瞟了一眼公主的背影。

艾布納嘴角微微上揚，一抹溫柔且好看的笑容油然而生。

這一切，都在艾布納的計畫中。

普羅蘭花園非常遼闊，一不小心很容易迷路。公主因為太過害怕，根本沒注意方向，當她抬頭想看清時，發現自己迷路了。

天色漸漸昏暗，她順著森林裡的小路，靠著月光照亮，慢慢摸索前進的方向。

不知道走了多久，隱約看到森林深處有一棟老舊的房子，公主又餓又累，靠近一

看，卻發現房子又破又舊。

公主一臉嫌棄的看著房子。她習慣了豪華的王宮，這樣的房子讓她瞧不起。

破舊昏暗的屋子突然亮起了溫暖的亮光，門被緩緩打開。一位佝僂的老人穿著黑色披風，手持一盞燭光，眼睛裡卻閃著星光般迷人的亮光。

老人聲音喑啞的說：「下雨了，你想繼續站在門外？」

老人的聲音給人無比的安定感，公主不由自主的走進屋子裡。

公主一進屋，屋外的雨下得更大了。

破舊的房子開始漏水。

公主一臉嫌棄的看著從天花板滴下來的雨水。

公主說：「老爺爺，雨水都滴進來了，怎麼不把房子修一修？」

老人抬頭看看屋頂，又看看公主。

公主說：「看我幹嘛？」

老人回：「房子老了，屋頂壞了，可以修嗎？」

公主說：「為什麼不行？」

老人說：「破舊的房子就算修好了，會有人想住嗎？你剛剛不就一直站在門外不想進來？」

「我……」公主啞口無言。

「也許人壞掉了，也該和房子一樣，都丟掉再造一個就好。」老人呵

呵笑著。

公主皺著眉頭，總覺得老人的話中似乎有什麼含意。

她嘟著嘴生氣嚷嚷：「房子老了補一補還是可以住，人再怎麼壞也還是個生命，隨便丟掉，太不負責任了。」

老人挑了挑眉毛。

公主手插著腰，瞪著老人說：「我說的話不對嗎？」

老人看著公主，欣慰道：「你說得非常有道理。照你這麼說，人做錯事，應該要學著好好去面對，而不是逃跑……你這麼晚會跑到老房子來，是不是也在逃避什麼呢？」

公主渾身一僵，眼睛湧上一層淚水。

老人沉聲說：「冷嗎？」

公主緩緩搖頭，又隨即點點頭。「有點冷。」

「這裡暖和，過來這裡坐。」老人拉了張椅子，靠在爐火旁邊。

爐火上，正煮著一鍋香醇的濃湯，濃郁的味道充斥著房子每一個角落。

公主優雅的坐在椅子上，雨水順著破陋的屋簷滴在公主腳邊。

公主輕輕嘆著氣。「屋子再怎麼破，只要有人住，就感覺溫暖，不像我。」

「你怎麼了?」

「你剛剛說得對,我就是那個被大家認為壞掉的人,他們準備把我丟棄。」公主悲傷的啜泣,「這個世界上,沒有人真正愛我。」

老人輕聲安撫:「你只是感覺沒有人愛你,不代表你從來不被人愛著。」

老人輕輕拍著公主的背,手指不小心露出衣袖之外。

老人的手指頎長,一點皺紋也沒有,完全不像老人的手,手上還捏著一塊橡皮糖,只不過沒有人發現這個祕密。

趁著公主抬頭看著老人時,老人小心翼翼的將手收回袖袍裡。

「老實告訴你吧,我其實是普羅蘭王國的公主。」公主道。

老人挑了挑眉毛。「你是尊貴的公主。」

「不,剛好相反,我不尊貴,我遭人唾棄。今天會跑到這裡來,是因為我的那些宮女隨從們想殺了我。」公主搖頭。

「僕人想殺你?用刀子?」老人疑惑。

「不是你想像的那樣,但也差不多了。」公主解釋。

公主緩緩的說起「真假橡皮糖」的事,以及宮女與隨從的計謀。

「國王和王后難道不阻止?」

「他們不知道，就算他們知道了，我想他們也不會阻止的。」公主哀怨道。

老人舀了一碗香濃的湯，遞給公主。

「喝碗湯，暖暖身子吧。」老人說。

公主捧著濃湯的碗，淺淺的喝了一小口，心裡湧上一股暖意，聽著身邊滴答的雨聲，彷彿是安定心緒的節奏，讓她覺得更放鬆不少。

老人以低沈的嗓音問：「告訴我，他們是如何不愛你的呢？」

「他們想把我關在宮裡，還好我跑得快，躲進普羅蘭花園才免於被關。」

老人挑眉問：「一個九歲的女孩，躲得過國王的侍衛和大批士兵的追捕？」

「怎麼？你不信？」

「我的意思是，國王的士兵跑不贏一個小女孩，這樣的作戰能力要怎麼保衛國家呢？」

公主一愣。

公主想起父王身邊一隊又一隊的幹練士兵，如果真的想抓她，早就攻進橡皮糖花園，怎麼可能讓她一個人在裡頭悠哉過日子？

公主可以躲過父王的追捕，是因為國王根本沒有想要關她。

想通這一點，公主的臉變得柔和了。

「好吧，我承認，也許父王從沒想要抓我，但是他和那些想找橡皮糖人取代我的宮女一樣，從來不愛我。」

老人困惑的看著公主。

「你的意思是，從你出生到現在，受盡國王的鞭打和責罵？」

公主又是一愣。

公主長這麼大，父王從來不曾動手打過她。在她的記憶中，不管走到哪裡，父王和母后總是牽著她的手，看雲，看花，看蝴蝶。

公主的腦子裡湧起許多回憶。

不僅父王和母后總是牽著她的手去賞花，連王宮大臣們都曾經揹著背她去花園散步抓昆蟲。

老人輕拍著公主說：「在想什麼？」

老人手中的那塊橡皮糖又露出袖口之外，晶瑩剔透，閃著透明的亮光。

公主聳聳肩。「我好像曾經離愛很近，只是現在他們都離我很遠了。」

「你覺得他們現在都不愛你了？」

「難道不是嗎？如果他們愛我，為什麼老是阻止我做任何事？愛，不是應該順著我的意思，讓我做我自己？」

老人嘆息。「我倒覺得他們不愛的人，不是你，是他們自己。」

老人的眼睛像星星一樣發著沉穩的光芒，彷彿呼喚著她前往心靈深處。

公主揉揉眼，她感覺老人的眼睛彷彿在哪裡見過。

老人說：「不說他們了，你自己呢？」

「我怎麼了？」公主問。

「你說這個世界沒有人愛你，那你愛自己嗎？」

「我當然愛我自己，我做的每一件事，都是愛自己，想爬樹就爬樹，想睡覺就叫宮女幫我抬張床放在花園裡最涼快的地方。」

「如果你真的愛自己，怎麼會把自己弄到這麼狼狽？」

「我哪裡狼狽了？」公主鼓起腮幫子。

「你不是說你的隨從和宮女想用橡皮糖複製一個善良的你？」

「對，他們太可惡了！居然這樣對付普羅蘭高貴的公主。」

「可是，能讓國王、王后和宮女隨從們傷心，並讓宮女想出這計謀的人，不正是你嗎？」

公主微微一愣。

「讓你狼狽的，就是你自己呀！」老人補充說。

雨勢夾帶著一道轟天巨雷，在天空乍響。

「你口口聲聲說愛自己，但是瞧瞧，你是怎麼把自己從一個被呵護的公主，變成讓宮女都厭惡的人？這就是你所謂的愛自己嗎？」

老人輕笑。

公主完全無法反駁老人的話。

「你的狼狽，和一隻被人追趕的狗差不多！」

公主憤怒道：「你居然說我是狗！」

「對不起，我說錯了，你比狗還不如，狗至少會對人搖尾巴裝可愛，你不但不會搖尾巴，還會咬人。」

公主氣到發抖。「你好大的膽子，從來就沒有人敢這樣對我說話，我可是普羅蘭的公主！」

「是呀，普羅蘭王國裡最尊貴的公主，那些從小把你捧在手心的大臣、宮女，以及你的父王和母后，他們用愛一點一滴把你養大，就不知道你是否也曾愛過他們呢？」

公主一聽，又全身一震。往事一幕幕湧上心頭，父王慈藹的臉，母后溫暖的擁抱，大臣們和善的陪伴，以及王宮裡所有宮女和隨從竭盡所能想討公主歡欣的臉。

許久之後，公主摀著臉，錯愕的哭了。

公主哭了好久，哭到爐火都黯淡了。

漸漸暗去的房子裡，顯得那樣的寒冷與破敗。

公主在灰暗中哭泣，身旁的一切都靜止了，沒有雨滴的聲音，沒有昆蟲鳴叫，也聞不到花香，野公主就這樣不停的哭著。

淚水，洗滌著公主的蠻橫，以及被蒙蔽的心靈。

公主好半晌才開口：「你說得對，是我把自己變成每個人都害怕的公主。」

「接下來你有什麼打算？」

公主顫抖著聲音說：「我……我不知道。」

「既然這樣，不如……」老人的眼睛閃著亮光，伸手將捏在手中的橡皮糖露了出來。

公主不敢置信的看著老人手上的橡皮糖。

「你到底是誰？」公主怒斥。

「我只是一個想要幫助你的人而已。」老人把蓋在頭上的斗蓬掀開，原本被蓋住的臉瞬間露了出來。

那是艾布納的臉。公主驚疑的叫了一聲。
英俊的艾布納恭敬的對著公主彎腰行禮。
「親愛的公主，我們又見面了，我的名字叫艾布納。」
公主怒斥：「你是怎麼找到我的？你明明在花園被隨從圍著，怎麼會比我還早到這座破舊的屋子！」
艾布納聲音充滿磁性的說：「當一個人感到害怕，就會背離所有的亮光逃跑，想要找個最黑暗的地方躲進去。所以我想，你應該會背對著太陽，往花園的深處逃走。但是一入夜，四周會變得黑暗，孤獨的人肯定會非常害怕，接著就會開始渴望光亮，為了這份渴望，不自覺會迎著天上的月光走。」
公主臉色微微一變，沒想到艾布納居然說中了她所有的心事。
公主像洩了氣的氣球。「我真沒用，完全被你猜透，真不公平。」
「害怕，是弱點，卻也能成為最強大的優點。」艾布納說。
公主深吸一口氣。「雖然討厭所有人，但是這一切都是我自找的，你肯定在心裡嘲笑我！」
艾布納眼神柔和，聲音溫暖的說：「是的，是你的選擇造成這一切，現在你有機會選擇不一樣的方式……這個橡皮糖，你想試試嗎？」

公主吸了一口涼氣，眼睛矇上一層淡淡的水氣。

公主賭氣說：「與其被宮女背叛，不如自己主動，誰怕誰。」

公主撥開額前的一縷頭髮，雖然哀傷卻沒有一絲勉強。

艾布納說：「我們開始吧。」

艾布納說完，就把橡皮糖人貼在她額上，吸取她純淨的靈魂，讓真正懂得愛的假公主取代她，成為帶來希望曙光的「奧蘿拉」。

光潔的額頭上，公主感覺一股冰涼瞬間鑽進她的腦門，有股力量不斷拉扯她靈魂深處的一縷生命。

公主想起疼愛她的父王和母后，兩道眼淚緩緩自公主的眼窩處流下。

隨著冰涼之感在她身體流竄，她也想起這些日子來，陪她一起生活在花園的宮女們的臉。

畫面一閃而逝，公主的耳邊跟著聽見他們焦急的聲音。

公主稚嫩的臉龐露出一抹苦笑。她從來不知道，她居然會產生幻聽。隨從和宮女的喊聲一聲大過一聲，彷彿從虛幻中走出來，越來越真實。

公主微微張開眼睛，眼前除了艾布納，沒看到任何人。

公主輕笑著說：「我大概太怕死了，竟然出現幻聽。」

艾布納聳聳肩。「你怎麼確定是幻聽？說不定是真的。」

「像我這樣的野蠻公主，怎麼可能會有人擔心我？」

艾布納說：「去屋外看看。」

公主搖頭。「不了，萬一打開門什麼都沒有，我會更傷心。」

艾布納放下橡皮糖，走到門口將門打開。

艾布納溫柔的笑著說：「一個被世人討厭的公主，願意犧牲自己的生命，還有什麼好害怕的？」

公主盯著聰明的艾布納，不理解他的意思。

艾布納用眼神示意公主看看門外。

「反正……看一眼，不會有什麼損失。」艾布納露出了一抹意味深長的笑。

「也是，反正不會有什麼損失。」公主苦笑著。她從椅子上站起來，往門外一站，簡直不敢相信自己的眼睛。

森林的深處充斥著點點的燈火，亮光不斷的閃耀晃動。

公主揉揉眼，再看了一次。

許多人影越走越靠近，越來越清晰。是宮女和隨從。

公主摀著嘴，眼淚不停的流下來。

人影中，有人發現了公主，大聲驚呼：「快看，公主在那裡！我們終於找到公主了！」

暗黑的夜晚隨著時間推移，漸漸變得稀薄。日出的太陽躍上山頭，大地從黑暗中慢慢張開明亮的眼睛。

公主看得更清楚，所有的宮女隨從都來了。她掉下更多眼淚。

「她們真的是來找我的嗎？」

艾布納幽默的說：「也許是來打你屁股的。」

公主噗哧笑出來，看著宮女們的身影，過去的事一幕幕出現在她面前——

公主被蜜蜂叮，宮女幫她擦藥時，因為太痛了，她一腳就把宮女踹在地上，宮女不但沒叫，還很快從地上爬起來，溫和的告訴公主：「傷口擦點藥，好得快，現在忍一下，以後才不會變成大花臉。」

公主曬日光浴，她要求宮女挪來大樹，宮女卻為她準備了許多涼飲，就怕她會中暑。

原來幸福一直都在，但她始終視而不見！

野公主流著淚，深深自責著。

「我一直被愛包圍，卻只會帶給他們傷害，我真殘忍。」公主越想越愧疚。

公主深吸一口氣，說：「來吧，趁宮女隨從還沒來，趕快讓橡皮糖人吸附我的靈魂，這樣他們就可以帶著善良公主回去了。」

艾布納用食指，輕點了公主的腦袋。「一個連死都不懼怕的人，怎麼連改變的勇氣都沒有呢？」

公主困惑的看著艾布納。

艾布納的側臉，充滿了睿智與溫暖。

「你不需要真假橡皮糖，你自己就可以成為那個善良的公主。」艾布納說。

「可是我……」

「親愛的公主，我其實不是你的隨從，我是你父王從智慧村找來的智者。」

「智者？」公主驚訝的看著艾布納。

艾布納搖搖頭。「事實上，在成為智者之前，我只不過是一個惡劣的壞蛋。」

「你？怎麼可能？」

艾布納說：「我來自一個充滿邪惡氣息的廢棄村落，在那裡出生的人，都有一種召喚惡魔的能力，只要我的情緒一激動，魔力就會爆發，事情就會往最壞的方向發展。」

「可是你看起來是那麼的善良……」

「我說的一切，你應該最清楚才是，你怎麼能夠忘記呢？」艾布納牽起公主的手，俯下身，讓小公主的手靠在自己的頭上。

就在公主的手碰觸到艾布納的腦袋，她的記憶電光火石般跑過許多畫面。

三年前，一個下著大雨的午後。一個少年穿得破破爛爛，在橡皮糖花園的深處遭到一群體格壯碩的士兵包圍。

少年就是艾布納。

一名士兵踢出一腳把艾布納踹倒，另一名士兵立刻坐在艾布納身上，狠狠的打著艾布納的腦袋。

「小子，你偷竊、破壞王宮，還欺騙了最信賴你的朋友，這些惡行足以被關在大牢裡一輩子。」為首的侍衛朗聲道。

少年艾布納倒在大雨之中，憤怒無比，眼神露出狠厲的凶光。

艾布納念頭一起，天上驟然落下大量石頭，轟隆！匡啷！砸向士兵。

一個小女孩奔進石頭雨中，大聲制止：「住手！請你停手，我知道你很憤怒，有什麼委屈告訴我，我會幫你。」

公主想起過去的事了。

公主眨眨眼說：「你是那個被打的大哥哥？」

艾布納點點頭。「是我，謝謝你當初涉險救了我，更制止我做出傻事，如果沒有你，王宮現在恐怕已經被一堆亂石掩埋了。」

公主訝然失笑。「我記得那時你潑我一身髒水，叫我走開！」

那時，艾布納全身充滿了憤怒，想和所有士兵一起死於亂石大雨中的他，聽見公主稚嫩的聲音後，把全身怒氣都對著幼小的公主發洩。

少年艾布納對著幼小的公主狠狠一踢，將一窪泥巴水坑的水全部踢向公主。公主潔白的衣服瞬間被泥巴水潑髒了。

少年艾布納對公主嘶吼：「我不需要你的假惺惺，走開！」

「你想要什麼，我都能滿足你。你沒有地方住嗎？還是你沒錢吃飯？」年幼的公主堅定的說。

「你以為你是公主，就能拿王宮裡所有的東西來滿足我，太可笑了。」少年艾布納不停的大笑。

「你想要什麼？相信我，我能幫你。」幼年公主說得誠懇。

「好！就讓你嚐嚐當好人的滋味。不要給我錢，要給，就給我善良。」

公主慧黠的眨眨眼睛：「你那時候好像不信任任何人。」她什麼都想起來了。

就是從那天開始，從森林中走出來的公主不再溫婉善良，王宮開始被公主的蠻橫攪得動蕩不安。

艾布納有些過意不去的看著公主。「我潑你一身泥巴水，對你說惡毒的話，但是你依然善良。你為了讓我知道這個世界上還是能信賴人，你……你和我交換了靈魂，你說你希望用善良喚起我對人的信任。」

「當時你肯定吃了不少苦，才會變成那個樣子。」公主看著艾布納，溫柔的揚起嘴角，輕輕的笑著。

往事一幕幕浮現眼前。

少年艾布納一陣狂笑之後，情緒帶來了最可怕的魔力，公主和艾布納，善良與邪惡，交換了靈魂。

從那之後，公主就變了。

「現在，你是否已經相信在這個世界的某個角落，依然有愛存在？」公主慧黠的眨著眼睛。

公主說話的方式就像個智者。

艾布納跪在公主面前，虔誠的親吻著公主的手。

艾布納說道：「三年前，你對我展露這世間最溫柔的笑容，你拯救了對世界絕望的我，你讓我學會了真正的愛。」

公主善解人意的微笑著說：「沒有人願意變壞。」

真相終於隨著公主的記憶，揭露於所有人眼前。

艾布納牽起公主的手，迎向晨起的曙光。

艾布納道：「遠方的天邊已經微微亮了，每一個黎明來臨，都得經歷一段漫漫長夜的黑暗，你經歷了一次黑暗的洗禮，暗夜之後，真正的黎明就會來臨，你也將成為普羅蘭王國裡真正的曙光——奧蘿拉。」

奧蘿拉，象徵著希望與曙光。

公主，重新擁有了她的名字。

「奧蘿拉，喚醒你的善良，我終於將功贖罪，該告辭了。不管我在什麼地方，我都會是你這輩子最忠心的僕人。」

奧蘿拉凝望著艾布納，他的眼睛裡閃耀著一抹柔和的光芒。

奧蘿拉緩緩的說：「如果我是國家希望的曙光，那麼你將會是我的智慧之光。

艾布納，不要做我的僕人，我希望你和我能做一輩子的朋友。請留在我身邊，用你睿智又透徹的目光，為我指引未來國家的方向。」

艾布納深深鞠躬。「那將是我的榮幸，因為我的光亮，是你為我點燃的。」

公主淺淺的笑著，眼裡有著幸福的光亮。

大地漸漸被黎明的曙光給籠罩，森林裡的樹木以及所有人都浸潤在彷彿聖光之中。艾布納和奧蘿拉公主，就這樣站在晨曦的金色光亮中，迎接全新的未來。

普羅蘭王國裡有個橡皮糖花園，花園中有個智者艾布納，他為公主帶來新的治理方針，細心教導著奧蘿拉公主擁有更多仁慈與寬容，讓公主深受百姓愛戴，為國家帶來愛與希望，成為一位受人景仰的女王——永遠的奧蘿拉。

親愛的三三：

看完〈橡皮糖公主〉，是否讓你稍稍明白「以愛為名，要求大家都得服從自己」這樣的愛，並不是真正的愛？

野蠻的奧蘿拉公主覺得那些說愛她的人都是騙人的，只因為她的父母以及愛她的大臣們，從來都不按照她的要求為她達成她的期待。

期待，在薩提爾奶奶的冰山裡，隱藏在水平面底下，雖然別人看不到，但是在冰山中卻占有很重要的地位，因為那可是人活在這個世界上的動力來源呢！

回想你上學的生活中，最期待的日子不就是校外教學日？每一次校外教學，愛睡覺的你總是一大早就起床，動作迅速的穿戴整齊，時不時催促著我趕快出門，興奮的想要趕緊到學校。

不只是你如此，媽媽小時候也是這樣。校外教學的那一天，是我動作最迅速的一天，為了迎接這一日，我會花很多時間去買零食、打扮，這便是「期待，帶來生命動力」。

但是期待和愛，在冰山裡是兩個完全不同的層次，無法相提並論，因為**期待是生命的動力，而愛則是我們生存的根基**。

這就像一輛汽車，能讓它往前跑的是汽油，而性能好與不好，則靠它的引擎來判斷。汽油，就是期待，讓人忍不住有欲望往前奔跑；引擎，則是愛，讓人能穩定的生活在這個世界上。

然而**很多人經常把期待和愛搞混了，總覺得如果自己期待的事，別人沒有滿足的話，自己就是不被愛的**。

這個想法，乍看滿有道理，但仔細一想，不知道你有沒有發現破綻？

就像一輛高速行駛的汽車，當它沒有汽油的時候，雖然不會動，但是沒有人會說它是一輛壞掉的車子！這是因為我們知道，它只是沒有汽油，車子沒有汽油就只是缺少燃料而已，和有沒有壞掉完全無關，因為它的引擎仍然非常健康，而且一直穩定的守候在那裡，等待燃料來啟動它。

這就是期待和愛不一樣的地方，**期待沒有被滿足的時候，就只是期待落空而已，和別人愛不愛我們完全沒有相關！**

既然期待和愛完全不一樣，那麼真正的「愛」到底是什麼？

像奧蘿拉公主一樣，要求所有人對她無止盡的付出，這是愛嗎？愛，讓奧蘿拉成為一個蠻橫無理的野公主。愛如果沒有限度，只會寵壞一個人，最後帶來毀滅。

這樣看起來，奧蘿拉的愛，只是打著「愛」的名義，試圖去控制別人的行為而已。真正的愛是不能交換的，就像我對你的愛，不管你是否聽話、表現乖順、功課優異，都不能影響我愛你的事實，這就是一份真正的愛。

「愛」在薩提爾奶奶的冰山層次裡，擁有非常重要的位置，她稱愛為「每個人都渴望得到的寶物」。所以在冰山中，如果你聽見「渴望」這兩個字，就不難猜到這裡頭都含有對「愛」的渴求在裡面。

「愛」是一份非常特別的禮物，這份禮物很公平，不管是生在富有的王宮，還是在貧窮的村落，都可以得到它。只要人們懂得愛的真正意義，就可以無限度的擁有它，而且想要多少，就能有多少，不僅自己可以擁有，更可以分享給我們身邊最親近的家人。

然而愛的真正意義到底是什麼？要怎麼做才不會步上奧蘿拉公主的後塵？又該怎麼做才能在愛自己的同時，又能尊重他人，給予他人一份剛剛好的愛呢？

聽起來「愛」好複雜！

不，別想得太難，**愛其實就像吃飯，只要吃對了食物，營養充足，而且份量恰到好處，這就是一份剛剛好的愛了**。

想想看，當我們肚子餓得咕嚕叫的時候，我們會想吃飯，配上可口的菜餚，對我們而言就是美味的一餐了，不是嗎？

所以在飢餓的時候，有人拿了一碗飯給我們，我們會很開心，因為這是我們最需要的食物。但是如果在我們非常飢餓的時候，有人給我們的不是飯，而是一杯水，我們是不是會很生氣？我們會覺得對方根本沒有理解我們要的是什麼，因為我們不是口渴，而是餓呀！

所以，給出別人需要的東西，而不是給對方自己覺得好的東西，這就是真正的愛了。**薩提爾奶奶說，給對方真正需要的東西，這是愛，如果對自己也能如此，這便是「愛自己」了**。

也就是在自己餓的時候，不委屈自己去喝水，懂得為自己添一碗飯，把自己填飽，這就是愛自己的模樣。

也許你會問，故事裡的奧蘿拉也懂得愛自己呀！她想要看藍天，就叫人搬躺椅；想乘涼，就叫人砍樹讓她乘涼，這些舉動難道不是愛自己嗎？

是的，這些都是她愛自己的方式，但那並不是真正的愛，只是她的「期待」，因為她要的這些愛，都是建立在別人的付出上，期望別人滿足她的要求。**真正的愛，會依照自己擁有的能力，自己滿足自己，在自己可以負擔的前提下去完成。**

就像吃飯，你不需要仰賴任何人幫你盛飯，也不必等待別人幫你夾菜，你需要多少飯，或需要什麼樣的菜和肉，你可以依照自己所需，在不傷害任何人的情況下為自己夾取，然後把自己餵飽，這就是愛自己了。

三三，你肯定很想問，愛自己難道就是把自己餵飽，就這麼簡單？

事實上，愛自己有兩種方式，一種是對內，一種是對外。

對內，就是在自己心情不好的時候，學會接受心情不好的自己。對外，就是與人相處時，準確表達自己想要說的話，既不委屈自己，也不對別人造成傷害。

讓自己不覺得委屈，但同時也做到說話時不傷害他人，這就是外在愛自己的表現了。

三三，你還記得小時候，媽媽有一次去幼稚園接你放學，你一上車就哭成淚人兒嗎？

你哭著說，老師要你們記住一句「明天穿便服到學校」的話，並且將這句話完整的轉達給家長。然而你因為不知道「便服」的意思，在學校強記了一整天，痛苦萬分的時候，你的同學告訴你「便服就是隨便的衣服」，你覺得同學亂說話，覺得全世界的人都在欺負你，你因此孤單緊繃了一整天，上了車之後終於忍不住潰堤。

倔強的你，每每遇到害怕、難過、悲傷的時候，總是忍住淚水，不讓自己哭出來。其實媽媽想告訴你，讓眼淚自然的奔流下來，也是一種愛自己的方式。哭泣，是上天給我們最寶貴的禮物。

讓我來說一則關於眼淚的故事。

第 2 章

聖甲村的眼淚

「感受」的故事

哭泣和笑，都是一種健康的本能，

刻意壓制，可能會帶來損傷，

適時的運用，反而能帶來力量。

軟弱，才是最大的剛強……

在遙遠的大海上，有一座島，島上有一個聖甲村，日夜都遭受海盜的侵襲與騷擾。為了這塊寶貴的土地，這裡的每一個人都是保衛聖甲村的守衛隊，誓死與強盜周旋到底。

擔任守衛隊的前鋒，是個十四歲的少女，卻比任何男人都剽悍。她叫做「雷娜」。雷娜蓄著一頭紅色短髮，身型瘦小，動作卻非常俐落，不管是力氣還是速度，島上沒有一個男人是雷娜的對手。

雷娜的厲害，讓不成材的海盜首領兒子吃足苦頭。

三年前，威脅聖甲村的海盜——白鬍子軍團來了。帶領海盜團來的不是白鬍子首領，而是他的兒子「黑鼻」。黑鼻身行猥瑣，一張臉尖嘴細眼，只有鼻子大又黑，仗著老頭子的權勢作威作福！

這天，黑鼻異想天開，帶了一批人，想把聖甲村滅了，給老頭子一個驚喜，希望老頭子一高興，能提早把首領之位傳給他。

黑鼻的船一靠近聖甲村，立刻派遣一批人明目張膽在海上叫囂，誘引聖甲村的防衛隊注意。黑鼻自己則率領精銳海盜，繞到聖甲村背後準備偷襲。

沒人發現黑鼻從聖甲村的後背登岸了。

「聖甲村，算你們倒楣！」黑鼻得意的笑著，「好好享受失敗的滋味吧。」

黑鼻的手下引燃火藥，聖甲村瞬間燃起一片火海，村裡的老人和小孩四處尖叫逃竄。

「美妙呀，多美妙的聲音。」黑鼻聽著聖甲村的哀嚎聲興奮不已。

聖甲村的防衛隊都出海了，來不及回防，戰力薄弱的女人們為了保護村莊，奮不顧身的穿起鐵甲，頭戴頭盔，手拿漁槍，抵抗海盜的入侵。

但是女人再怎麼厲害，還是抵擋不了這群蠻橫的海盜。

黑鼻看到許多老人抱著孩子逃竄，孩子在奔跑中跌倒，許多人受到驚嚇而哭泣，他激動的狂笑著說：「這真是我看過最美的景象了！」

戰況非常慘烈，越來越多人哭成一團。

黑鼻興奮大笑著說：「哭吧，哭吧！美妙的音樂！」

防衛隊的女人們一邊奮力作戰，一邊感到無比悲傷，等明天的太陽升起，這個世界上恐怕再也看不到聖甲村了。

突然，一道嘶吼聲劃破長空。

「通通給我安靜！」嘶吼聲大得像雷。

村民嚇了一大跳，抬頭一看，是紅髮雷娜。她發出轟隆的怒吼聲，從一群孩子中拔地跳起，順手將晒在一旁一張大漁網也給帶起。

「你要去哪裡？」島上最老的石奶奶急問。

「奶奶，你帶孩子們先躲進山裡等我消息。我沒讓你們出來，就別出來。」雷娜的身形快速，像閃電劃過天空。

「別去，你只是個孩子！」石奶奶顫著聲音叫著。

當時年僅十一歲的紅髮雷娜，雖然比其他孩子矮半個頭，但彈力好，速度快，只要有一個石頭讓她踩踏，她就能跳上最高的城牆！

「我十一歲，夠大了！」雷娜一個跳躍，已經跑遠，紅髮在風裡飄盪。

「別胡來呀！海盜凶狠，你媽媽在防衛隊裡作戰就是為了保護你，你這一去，我怎麼跟你媽交代？這不……」石奶奶的聲音越來越小，小到雷娜聽不見。

「娜姊姊，你不要去，我好怕……」一個額頭上刻著傷疤的男孩一手拉著石奶奶，一手對著消失的雷娜哭著說。

「小豆子，把嘴巴給我閉起來！」雷娜雖然跑遠了，但耳朵極尖，聲音仍然宏亮，一吼一叫，把小豆子的耳朵都震得嗡嗡響。

「可是……」小豆子吞了口口水，還想說些什麼。

「眼淚救不了聖甲村，別婆婆媽媽的，吵死了。」紅髮雷娜踏著矯捷的步伐，朝防衛隊的作戰防線奔去。

雷娜輕輕一蹬，像個忍者一樣輕鬆的翻過封鎖線與矮牆。

雷娜低吼：「今天不把黑鼻的鼻子捏成紅柿子，我不叫雷娜。」

雷娜像猴子一樣輕盈的身影，在大王棕樹的樹梢上穿來跳去，直到她看見黑鼻的身影。

「終於找到你了！」雷娜狂吼。

黑鼻感覺有一陣風在他的腦袋上颳起，沒看清發生什麼事，就感覺一抹黑影從天而降。他抬頭，一對細細的眼睛撐到極致，瞳孔一縮，然後眼前一黑，黑鼻倒下了。

「這是什麼！放開我！」黑鼻摔得四腳朝天。

黑鼻被一張從天而降的漁網給擒住了！

「放開我！我給你們賠償！我給你們錢財！我什麼都給你！只要放開我。」黑鼻掙扎。

「狗屁！再叫我就砍了你，吵死了。」雷娜用拳頭敲了黑鼻的腦袋。

「唉唷喂呀！疼死我了，你敢揍我！」黑鼻嚷嚷。

「我就揍你怎麼樣？」雷娜又用拳頭揍了他好幾拳。

「我爹是白鬍子，等他知道你這樣對我，肯定會把你們聖甲村夷為平地。」黑鼻不斷的踢著漁網。

「也不害臊，都已經是個成年人了，還叫你爹幫你報仇，嗟！」雷娜撿起地上一個磚塊，就要往黑鼻的頭砸去。

「別揍別揍，我聽話，那磚塊砸下來，我就一命嗚呼了。」黑鼻哀嚎求饒。黑鼻的偷襲徹底失敗了。

雷娜靠著敏捷的動作，出其不意的將聖甲村從危急中解救出來。

雷娜一獲得勝利，就感覺四周氣流有異，隱藏在村子各處的海盜狙擊手立刻朝她開槍，五道強勁的彈丸從四面八方朝她射來。

雷娜暗叫不好，來不及閃躲，抓起地上的黑鼻擋在自己身前。黑鼻幫他擋下了前面三顆彈藥，痛得哇哇大叫，叫爹叫娘，詛咒身後的雷娜這輩子像男人。

雖然黑鼻幫雷娜擋下三顆子彈，卻還有兩個子彈一前一後朝雷娜射來。子彈劃過空氣，雷娜的鼻子靈敏的聞見刺鼻的火藥味。

雷娜沒有時間閃躲，只能敏捷的將身子向後一仰，讓背後那子彈順勢從她面前劃過，朝著聖甲村的防衛線飛去。另一顆子彈無論如何都避免不了，雷娜只得巧妙的側過身子，讓子彈避開最重要的心臟。

雷娜的左手臂代替心臟結實捱了一發子彈，子彈很快沒入她的手臂，又立即從另一邊穿出，痛得雷娜扯住黑鼻的頭髮，黑鼻又是一陣哇哇亂叫。

雷娜忍著痛，大喊：「誰再動一下，信不信我立刻割下黑鼻的鼻子，把他的頭顱砍下，讓你們白鬍子老盜哭個夠！」

雷娜揮舞手上的短刀，輕輕劃過黑鼻的鼻翼，黑鼻的鼻子立刻滲出一條駭人的血痕，黑鼻悽慘的亂叫。

「扔下你們手上的武器，給你們一炷香的時間，退出聖甲村，否則就等著為你們的小頭目收屍吧。」雷娜一字一句大聲說著。

海盜們一時不知該如何是好。

黑鼻急了，鬼吼鬼叫：「快退，難不成真的要我死在這裡嗎？有多遠滾多遠，快給我滾回船上！」

海盜嘍囉只得放下武器，快速的回到船上，將海盜船駛出聖甲村的海域。

雷娜伶俐的用匕首敲昏黑鼻，接著在黑鼻頭上動了些手腳，給他一點教訓，最後才派一艘小船送海盜黑鼻離開。

黑鼻被海盜接回大船後，傳來淒厲的慘叫聲：「我的頭髮！我的鼻子，我的老天！……可惡的雷娜，下一次我要拔光你的頭髮！」

黑鼻哀嚎的聲音漸漸隱沒在大海之中，海盜離開聖甲村。

雷娜以雷霆萬鈞的氣勢，取得壓倒性的勝利，村人大聲歡呼，為雷娜英勇的慶賀。然而，雷娜卻昏倒了，歡呼立刻變為驚呼。

雷娜身受重傷，昏迷了兩天才醒過來。醒來後的雷娜，成了聖甲村的英雄。然而英雄的背後，卻有個悲傷的故事。與海盜決戰時，她閃過的子彈，竟然打中了雷娜的母親。雷娜的母親也昏厥了。

之後雷娜醒來，可是媽媽卻一直沒有甦醒。雷娜無法原諒自己。

「我要是再強一點就好了。」

「讓那子彈射中我就好了。」

「我為什麼要躲開那子彈？」

「我是個懦夫，我真沒用！」

「爸爸把媽媽交給我，我卻讓媽媽受重傷，我是個失敗的鬥士！」

從小就失去爸爸的雷娜，把村人的關心都擋在門外，每天以折磨自己的方式逼迫自己要變得更強，速度要更快，力氣要更凶猛。雷娜把所有的痛苦都壓在心底。

那一年，雷娜以擊退海盜的威名，破格晉升為防衛隊的隊員，打破聖甲村史上最年輕的防衛隊的紀錄。

半年後，雷娜又從隊員晉升為小組長，四個月後又從小組長晉升為核心組長，就這樣一路攀升，直至雷娜十三歲一舉躍上右翼先鋒隊長，成了史上最年輕的右翼，是防衛隊隊長最有力的攻擊臂膀。

如今雷娜已經十四歲了，俐落的身手在防衛隊裡是最閃耀的一顆星。每次作戰，雷娜背的神弓、腰間的兩把閃電戰斧，以及手臂上被子彈射穿後所留下的閃電傷疤，都成了敵人最戰慄的標記。

沒有一個海盜逃得過雷娜手中那把閃電戰斧，她甚至還沒近身攻擊，海盜就已經潰散。

海盜們都稱她為「閃電雷娜」。聖甲村裡的每一個人，都以雷娜為榮。

除了雷娜自己。

不管再怎麼厲害，雷娜都瞧不起自己，因為她是一個害母親昏迷的罪人。

自責，讓雷娜對自己要求越來越高，嚴厲的她讓村裡的每個孩子更懼怕她了。

對孩子們而言，雷娜比海盜更恐怖。

聖甲村的防衛隊，每天都得巡邏村子三次。

這一天，雷娜帶隊在島上巡邏。途經訓練場時，她看見一群孩子正在廣場上吵鬧。她走過去，看著孩子，眼神冰冷。

「吵什麼？有時間吵，還不如花時間去鍛鍊身體。」

雷娜說完，那群孩子立刻一窩蜂跑掉，只有一個男孩「阿茂」傻傻留在原地。

「還愣在這裡做什麼？」雷娜皺著眉說。

阿茂被雷娜的聲音嚇了一跳，大哭起來。

「吵死了，不准哭！」雷娜的眉頭皺得更深。

眼淚，是雷娜這輩子最痛恨的事。

五歲以前，雷娜也和阿茂一樣是個會哭會笑的孩子，但是意外發生之後，她從此對眼淚深深痛惡。

「阿茂才五歲，你五歲的時候哭得比阿茂更厲害，憑什麼不准阿茂哭？」一道聲音從廣場旁的大樹下傳來。

雷娜扭頭看向聲音，不看還好，一看就一肚子火。

說話的人，是防衛隊的左翼先鋒「風嘯天」。

風嘯天比雷娜大三歲，個頭也比她高出兩個頭，但是他的速度和力氣都遠遠不及雷娜，所以在防衛隊只能位居雷娜之下的左翼先鋒。

雷娜喃喃說著：「今天倒了什麼楣？連巡邏都要碰上這個瘋子。」

「瘋子」是雷娜給風嘯天取的綽號，因為風嘯天每次一看到雷娜訓練孩子要堅強，都會出言諷刺雷娜，並故意說起她心中最沉痛的傷心事，藉此打擊她。

「怎麼是你？」雷娜沒好氣。

「怎麼？害怕了？怕我又提到你因為哭泣害你爸爸被殺的事？」

「風嘯天，你這個瘋子！為什麼老是要戳我痛處？」一聽到風嘯天又說起往事，雷娜就生氣。

風嘯天譏諷著說：「都跟你說過幾次了，別把所有責任都擔在自己肩上，那天只不過是個意外，哭泣的孩子也不只你一個，怎麼就不見其他孩子自責？」

那天，聖甲村遭到海盜襲擊。雷娜的爸爸去作戰，媽媽帶雷娜去逃難。但五歲的雷娜實在太害怕，所以一路哭。她的聲音異常響亮，引來海盜注意。

「不要再說了。」雷娜一想起過去，身體就顫抖個不停。

風嘯天搖頭說：「你不是什麼都不怕，怎麼一提到這件事你就害怕得要命？」

「誰說我怕了？我只是、我只是……」雷娜不知道該如何辯解。

「別老是把哭泣當成洪水猛獸，當時你才五歲，一個五歲的孩子遇到危險，哭泣很正常。真正錯的人不是你，而是海盜！」

雷娜搖頭。「別說了，是我害死我爸，要不是我哭得那麼大聲，海盜也不會找到我們藏身之處，我爸他也不會……」

雷娜想起那夜，海盜循著小雷娜的哭聲，很快找到他們躲藏的洞穴。

海盜奸笑道：「小妹妹，謝謝你的哭聲啦！」

小雷娜站在人群最前頭，見海盜揮舞著大刀就要朝她劈砍下來，雷娜大聲尖叫，整座小島因此顫動起來。

小雷娜的爸爸一聽見她的尖叫聲，立刻朝她狂奔而來，就在海盜落下大刀的那一刻，爸爸撲向小雷娜，用自己的身子護住她。

小雷娜抬頭，看見爸爸慈藹的對著她展露笑容。

爸爸為了雷娜，把自己的背部獻給了海盜。

小雷娜的眼淚還掛在臉上。爸爸溫柔的對她說：「小雷娜，別哭，一支箭，是敲不響一座鐘的……」

「爸爸你說什麼？我聽不懂。」小雷娜哭著說。

「你記住了，一支箭敲不響一座鐘樓的鐘，所以你不孤單……」爸爸忍著痛，又說了一次。

「爸爸我聽不懂，你再說一次。」小雷娜噙著淚。

「聖甲村的每個人，都會成為你射向鐘樓最有力的箭。記住，你不孤單。」

爸爸說完，用盡最後一絲力氣，反身給了那名偷襲小雷娜的海盜狠狠一擊。

爸爸英勇的保護了小雷娜，卻也因此喪命。

雷娜惡狠狠的瞪向風嘯天，掄起腰間的兩把閃電戰斧，眼睛充滿了殺意。

「瘋子，看我的閃電戰斧。」雷娜擺開架式，向風嘯天下戰帖。

一旁的阿茂看到雷娜和風嘯天要打架，立刻嚎啕大哭起來。

雷娜大聲喝斥：「不准哭，到旁邊去，刀劍不長眼，再讓我聽見哭聲，看我不割了你的舌頭才怪！」

阿茂一聽，瞬間不哭了。

雷娜才想誇獎阿茂，下一秒阿茂卻嚇得尿褲子了。

雷娜皺眉。「怎麼這麼沒用？」

「你還是不是個人呀？對敵人殘忍也就算了，居然對小孩也這麼凶狠，這麼可愛的阿茂你也捨得把他罵哭，還讓他尿溼褲子！」風嘯天說到激動處聲音就啞了，心疼阿茂年紀這麼小，就得承受雷娜的欺負。

風嘯越想越難過，忍不住為阿茂流下眼淚。

「你到底是哪裡冒出來的瘋子？還不快拿起你的彎月長刀！」雷娜受不了風嘯天的眼淚，忍無可忍的翻了翻白眼。

「阿茂，你到旁邊等哥哥，看哥哥幫你報仇！」風嘯天掄起長刀，下一秒立刻衝向雷娜。

「找死。」雷娜大吼。

自從爸爸被海盜殺死，雷娜就認定眼淚是最沒用的東西，因為哭泣改變不了任何事，只會帶來災難。

雷娜就是因為哭泣才害爸爸喪命，她無法原諒自己。

「一支箭，敲不響一座鐘樓的鐘……」

雷娜不懂爸爸的遺言是什麼意思，也不想弄懂，因為她的心早已被悔恨填滿。為了聖甲村的安全，她把眼淚狠狠的拋在腦後，永遠不去接近它。

「吃我一記斧頭！」雷娜的電斧對上風嘯天的長刀，兩件兵器交戰，立刻迸發出火花。

「看我的彎月！」風嘯天順勢拉回長刀，從雷娜的肩膀砍去。

雷娜的身手永遠比風嘯天更快，她將雙斧架在風嘯天腋下，腰一頂，徒手將風嘯天摔出去。

風嘯天四腳朝天的躺在地上。

「不算不算，再來一次。」風嘯天像個賴皮的孩子，躺在地上耍無賴。

「無聊！都幾歲的人了，還哭！」雷娜煩躁的說。

「再跟我打一場，我就不哭。」風嘯天雙腳一彈，從地上彈起。

「再來就再來！」雷娜對準風嘯天衝去，斧頭再度插在風嘯天的腋下。

很快的，風嘯天又被雷娜摔出去。

「不管，再來一次！」風嘯天又耍賴。

「真想宰了你！」雷娜惡狠狠的說。

防衛隊規定，隊員彼此切磋是可以的，但絕對不能有傷亡，一旦有人受傷，打架滋事的隊員得退出防衛隊。

要不是防衛隊有這項規定，雷娜早就把風嘯天劈成兩半。

「來呀，來宰我呀，你這個粗魯的狂人，整天只會打打殺殺，以為力氣大就了不起，以為拳頭硬就能克服所有困境。我告訴你，這世界如果按照你那樣的方式過生活，所有人都會死，因為太無聊了！」風嘯天一邊調整位置，一邊揮出長刀。

雷娜的頭一閃，巧妙的閃開風嘯天的攻擊。

「我不跟你打了，算你贏了可以吧。」雷娜揮著手，不想與瘋子糾纏。

「不打也可以，去跟阿茂說聲對不起，我就不再為難你！」風嘯天露出潔白的牙齒及天真的笑容。

「我沒做錯，叫我說對不起，不可能。」雷娜說完手一揮，身後的右翼防衛隊立刻整軍，等著雷娜下令，前往下一個地點巡邏。

「你要是不說對不起，我就繼續跟你挑戰個沒完！」風嘯天的嘴角露出一抹意味深遠的笑。

「我到底哪裡得罪你了？你對別人永遠溫柔體貼，對我卻像蜜蜂屁股上的一根針，見一次扎一次！你就這麼看我不順眼？」雷娜越罵越凶，也越罵越覺得委屈，眼淚差一點就冒出來。

「難過了？」風嘯天見狀，立刻放軟聲音。

雷娜用鼻子哼了哼，大聲喝斥：「我是永不服輸的雷娜，離我遠一點！」

雷娜甩著紅色短髮，手一揮，右翼小隊整齊劃一的前往下一個地點巡防。

「雷娜，你欠阿茂一個道歉！」風嘯天高聲說。

「想叫閃電雷娜道歉？我勸你被雷打到還比較快一點！」雷娜說完，身影消失在風嘯天的視線中。

風嘯天輕聲嘆氣。一名老者從風嘯天的身後走出來。

「看來你的計畫又失敗了。」老者輕輕笑著。

「雷娜孤獨慣了，也強硬慣了，要讓她軟弱下來，恐怕還要再一段時間。」

「你的動作得快一點了，防衛隊裡反對雷娜的聲音越來越多了，我扛不了太久。」老者拍拍風嘯天的肩膀。

雷娜當上防衛隊的右翼先鋒後，聖甲村的操練時間從原本的兩小時暴增為六小時。每個人從醒來之後，除了吃飯、休息，就得不斷的操練，操練成了聖甲村唯一的目標。

雷娜下定決心改造聖甲村的防衛能力，希望讓聖甲村成為最堅固的堡壘，雖然這個改變讓聖甲村的村人變得異常堅強，卻也異常痛苦。

鋼鐵般的操練，讓每個人「不會笑」了。村人身手俐落的同時，性格也變得冷漠，沒有歡笑，也沒有相互問候的溫暖，聖甲村變得一片死寂。

聖甲村日漸變強大的同時，村子裡卻出現一種怪病，這種病會讓人的肚子裡長出像石塊一樣的硬塊，當石塊越長越大，村人的生命就越來越微弱，當硬塊覆蓋整個肚子，死亡就會到來。村裡的醫生將這個病稱為「石化病」。

「石化病」引發聖甲村大恐慌。

防衛隊很快調查出第一次發現石化病的時間，剛好就在雷娜擔任右翼先鋒隊長之後。所有人都懷疑石化病是雷娜的高壓訓練造成的，這使得原本成為防衛隊統帥呼聲最高的雷娜，產生了變數。

在一次防衛隊的祕密會議中，許多隊長針對此事紛紛提出看法。

「雷娜升遷得太快，才造成她目中無人。」

「絕對不能讓雷娜晉升為防衛隊的最高統帥，否則就沒人管得住她了。」

「瞧她才上任右翼先鋒隊長，就把整個聖甲村搞成什麼樣子？」

「為了整個聖甲村的健康著想，應該立刻把雷娜撤換下來！」

「是該挫挫雷娜的氣焰。不是身手矯健會打仗的人，就能擔任重要職位。」

「再這樣下去，只會讓聖甲村提早滅亡。」

防衛隊裡眾多小隊長紛紛提出撤除雷娜職位的提議，只有一個人例外。

「我反對。」反對的人，就是左翼先鋒風嘯天。所有隊長都轉頭看他。

風嘯天說：「雷娜為了村人的安危，三年前一個人力抗強悍的海盜。要是沒有雷娜，聖甲村早就不存在了。」

「雷娜當時確實救了聖甲村，但是她現在帶來的災難也不小呀！」

「對呀！對呀！不能仗著雷娜有幾分功勞，就把聖甲村賠進去吧？」

幾個小隊長輪番砲轟風嘯天。

「聖甲村有沒有賠進去，你自己心裡清楚！那場戰況，受傷最重的是雷娜，她的母親也因此昏迷至今，她背負了全村的希望。這幾年她把聖甲村變強的重擔都扛在自己身上，要說聖甲村誰最辛苦，那個人肯定是雷娜。你們怎麼忍心把雷娜從防衛隊趕出去？那樣她會死的！」風嘯天越說越氣憤，差點跟其他小隊長打起來。

在那一場祕密會議中，風嘯天一個人獨排眾議，保住了雷娜，但前提是，風嘯天必須在半年內遏止雷娜對聖甲村繼續造成傷害。

這也是風嘯天為什麼看見雷娜總是要找她麻煩了。他得找點事情讓雷娜把悶在心中的情緒發洩出來，村人也才有可能從雷娜的自責中解放出來。

風嘯天的擔憂，雷娜當然什麼都不知道，她只知道風嘯天就是個道道地地的瘋子，明明長得斯文，舉止卻跟野牛一樣蠻橫，氣得雷娜的牙齒都要咬斷了。

石化病席捲著聖甲村。雷娜擔憂的事情降臨了，她敬愛的石奶奶也罹患了石化病。聽聞消息時，正在值勤的雷娜，立刻拋下巡邏的職務，風風火火的趕回家。

這些年，石奶奶經常到家裡幫她照顧媽媽，這麼好的人，雷娜絕對不能看著她死去。

雷娜進門時，石奶奶正在幫媽媽用溫暖的毛巾擦拭著身子。

「奶奶！」雷娜說。

石奶奶抬頭，看見雷娜，露出慈藹的笑臉。

「來啦！過來看看你的媽媽。我剛剛還在跟你媽媽誇獎你的能幹，將來肯定能當上防衛隊的統帥。」奶奶柔和的說著。

「我才不在乎什麼統帥，我只想要村人變強，因為只有聖甲村變強，才能將海盜趕盡殺絕！」雷娜輕描淡寫的說著。

「雷娜，我知道你恨死了海盜，但是孩子，你的媽媽不會希望你一直活在仇恨裡呀。」奶奶輕聲的說。

「奶奶，是我把我媽害成這樣的，這個仇，我肯定要報。」

「咦！」石奶奶驚疑的叫了一聲。

順著奶奶的叫聲低頭一看，昏迷多年的媽媽，眼角突然溢出兩行眼淚。

「媽……」

媽媽有反應，雷娜也激動起來，眼眶瞬間紅了。

雷娜趕緊用手將媽媽的眼淚擦乾。

「媽，不要哭，我不會再讓海盜傷害你的。」雷娜輕聲安撫。

「雷娜，你媽媽肯定是心疼你這麼倔強，你連你媽媽流眼淚都不允許嗎？」奶奶搖頭嘆息。

「我會變得更強，我會保護我媽，無論發生什麼事，都不需要哭。」雷娜堅毅的說。

「雷娜呀，你媽媽恐怕不希望你繼續堅強下去，相反的，她會希望你該軟弱的時候，能好好痛哭一場。人不是鋼鐵打造的，不可能一輩子都強悍呀。」奶奶輕嘆。

雷娜搖搖頭。「我還不夠強，我還要再強一點，這樣我才能保護聖甲村。」

「雷娜，再這樣下去，生病的人就會是你了。」奶奶說。

「我絕對不會讓聖甲村一而再、再而三遭到海盜洗劫，我要成為最強的戰士。」雷娜眼睛理發出堅毅的光芒。

「噗！」門口傳來一聲嗤笑。

「誰？」雷娜驚覺。

「還真不害臊，居然敢說這種厚臉皮的大話，你以為你是聖甲村的神嗎？靠你一個人就能救全村？沒有我們後面這群防衛隊幫你墊後殺敵，你能輕易的戰勝海盜？真是笑死人了。」風嘯天嘲笑著。

「我哪裡說笑了？我十一歲的時候就是一個人打敗海盜……咦，我幹嘛跟你說這麼多廢話？這是我家，你來這裡做什麼？」雷娜氣惱的說。

「來你家，當然是來看阿姨的，順便送奶奶回家，你以為來看你呀，臭美。」風嘯天諷刺著。

「跟你說話就像拿牙齒咬自己舌頭一樣，又累又疼，真是憋死人！」雷娜氣得嘴巴鼓鼓的。

「嘯天來啦，謝謝你來接我。不過我有些話想單獨和雷娜說，你到門外等一會兒。」石奶奶開口道。

「好，奶奶有什麼事隨時叫我，我就在門外。」風嘯天對奶奶溫柔一笑。

風嘯天的笑容真好看，雷娜不小心多看了兩眼。

「這裡有雷娜啊，有事的話，雷娜會保護奶奶的，是吧？」奶奶摸一摸雷娜的腦袋。

雷娜得意的點頭說：「那當然，瘋子你快出去吧。」

見風嘯天安分的走出屋外，石奶奶也輕輕的笑了。

雷娜看著奶奶，想起奶奶得了石化病，心中升起一陣難過。

「奶奶，我聽說，你的肚子也長石化病。奶奶別怕，我會找到最珍貴的藥材，幫你……」

雷娜可以說是石奶奶一手帶大的，遇到海盜來襲的時候，也是奶奶帶她逃難。從小，石奶奶一直把她當孫女一樣疼愛。最親近的人生病，堅強如鐵的雷娜也難免紅了眼眶。

「我？生病？」石奶奶困惑。

「別擔心，我會找人治好你的。」雷娜說。

「如果真的有什麼意外，奶奶倒是有個願望。」

「奶奶有什麼願望？我幫你完成。」雷娜說。

「我希望我死的時候，你能為我好好哭一場！」奶奶笑著說。

「哭？我不要！」雷娜叫道。

石奶奶嘆口氣說：「雷娜，妳知道為什麼我們會哭嗎？那可是我們的祖先雷神賜給我們的生存能力呀。」

「奶奶，拜託，我不想聽。」雷娜摀著耳朵。

「那是聖甲村的歷史，你得好好聽著。」石奶奶嚴肅的說。

奶奶緩緩的說著聖甲村祖先——雷神的故事。

聖甲村是雷神的後裔，相傳雷族剛來到聖甲村這個小島上落腳時，村裡的女人們很快都懷上了孩子。

雷族大遷徙，每一千年會發生一次，能不能成功在聖甲村移居成功，就看新生嬰兒能不能安然的誕生。

當村人企盼著孩子誕生、延續雷族香火時，出生的嬰兒卻一個一個過世了。村子裡的人們以為是這座島被詛咒了，卻哪裡知道是他們在移民來聖甲村時，忘了把象徵雷神的戰斧一起帶來。

聖甲村的祖先直到第三批出生的嬰兒死去後，才想起出生的嬰兒怎麼沒有哭，這才想到他們居然把戰斧給遺忘了。

「戰斧？和我一樣的戰斧嗎？」雷娜好奇。

「是的，和你一樣的戰斧。」石奶奶說。

「戰斧和哭有什麼關連？」雷娜又問。

「聽我說完，你就知道了。」

戰斧對雷神族非常的重要，因為那是雷神送給出生嬰兒的禮物。

相傳在很久以前，剛出生的小嬰兒是不會哭的，肚子餓或身體不舒服的時候，只能靜靜的等，等著爸爸媽媽發現。但是大人實在太忙了，小嬰兒經常餓到臉色發白，甚至死亡。

雷神大人發現這個情況，覺得小嬰兒真是太可憐了，所以祂決定送小嬰兒一份禮物。

雷神用戰斧在每個剛出生的嬰兒頭上狠狠的敲打，讓天空發出轟隆的雷聲和刺眼的閃電，嚇壞剛出生的嬰兒，小嬰兒就這樣學會嚎啕大哭。

雷神聽到孩子的哭聲，覺得真是美妙，就跟祂的戰斧對碰發出的聲響一樣動人，祂很是滿意。

從那之後，嬰兒有了哭泣的能力，出生時哭泣，生氣時哭泣，不舒服時哭泣，肚子餓討奶吃時哭泣，如此一來，爸爸媽媽再也不會忙到忘記嬰兒的存在。

後來聖甲村的祖先就是用戰斧，在初生嬰兒的頭上打擊出震耳欲聾的雷聲，聖甲村的孩子們才開始嚎啕大哭，從此生命有了延續，也才能健康長大。

「哭泣」，就是雷神大人送給族人最棒的禮物。

「哭泣，是非常健康的舉動。奶奶想告訴你，完全不哭，才會壞了大事，因為身體會受不了的，就像……」奶奶下意識伸手摸著雷娜母親的腹部，那裡已經有一個硬塊正在擴大。

「奶奶，你這個故事太老套了，是你瞎掰的吧？眼淚是健康的？我從來沒聽過這種說法。」雷娜不屑的努努嘴。

石奶奶又是一陣搖頭嘆氣，對雷娜冥頑不靈的個性一點辦法也沒有。

「雷娜，其實生石化病的人不是我，而是……你媽媽。」

雷娜震驚的說：「什麼?!」

雷娜迅速撩起媽媽肚子上的衣服，用手輕輕一摸！

雷娜整個心都要碎了。

她從來沒想過日子已經夠糟糕了，老天爺居然還能讓她過得更悲慘。

「多陪陪你媽媽吧，石奶奶希望你把悲傷哭出來，也許唯有這樣，你的母親才有機會被救活。」石奶奶拍拍雷娜的肩膀，輕聲嘆息。

石奶奶走後，雷娜陷入最寒冷的冰窖，全身冷得直發抖，不停打哆嗦。

雷娜不懂為什麼老天爺一直跟她開玩笑，難道她還不夠努力、不夠堅強嗎？

雷娜感覺自己好孤單，在石化病前，自己無比的渺小。雷娜努力不掉淚，所有的情緒都充塞在胸口，讓她好難受。那個夜晚，雷娜在悲傷中昏昏沈沈，睡得非常不安穩。

暗夜的聖甲村，天空下起滂沱大雨。

豪雨夾帶著閃電與雷鳴，從海上席捲而來，沖刷著聖甲村的土地。

霹靂的雷雨聲籠罩著聖甲村，其中有一道細微的哭聲，迂迴的鑽撓其中。

那是雷娜的哭聲。雷娜在夢中嗚咽的哭了。

自從爸爸過世後，她每天不停的操練自己。她拉弓箭的手指，每天都有上百道傷痕，跑步蹬樹的腳都有撕裂傷，她的身上沒有一處細緻完好。

雷娜一心一意要變強。十一歲在黑鼻海盜入侵的戰爭中，她以一人之力拯救了聖甲村所有人，卻換來媽媽的昏迷。

她沒有一天停止自責與煎熬，一個人扛起照料媽媽的責任。如今老天爺又對她開了另一個玩笑，讓媽媽染上「石化病」。

雷娜終於忍不住在夢裡大哭一場。

巨大響雷的夜晚，她的眼淚流滿了清瘦的臉龐，她不知道自己究竟還要多堅強才可以達到爸爸勇敢的標準，她只知道如果失去媽媽，她將再也提不起活下去的勇氣。

雷娜從夢中醒來，眼淚仍然止不住的滑落。

在狂風暴雨的肆虐下，雷娜扎實的哭了一場。

「好好的哭吧，雷娜，真是……太好了。」一直守候在雷娜窗戶外的風嘯天，鬆了一口氣。

風嘯天原本擔心雷娜聽見媽媽石化病的噩耗後，會做出傻事，現在聽見雷娜的哭聲，他終於放下心中的大石頭，現在可以好好回家去睡覺了。

暗夜，海上的浪一波又一波打著小島的岸邊，一聲強過一聲，風也把窗戶吹得嘎嘎作響，聖甲村的村人慢慢習慣惡劣氣候帶來的響聲，漸漸進入熟睡。

村人在睡夢中，耳朵裡盡是強風和大浪的聲音，除此之外，什麼也聽不見。

風嘯天輕鬆的走在回家的路上。

「匡啷！」一個極細微的玻璃窗破裂的響聲，從風嘯天身後出現。

風嘯天回頭看著聲音傳出來的方向，是雷娜家。

「不好了！」風嘯天暗叫一聲，拔腿往雷娜家狂奔。

風很大，浪很高，大雨依舊強勁。

村人各個將臉埋進棉被裡沉睡，悲傷的雷娜卻瞬間汗毛豎立。她直挺挺的坐起身子，感覺到危險正在接近聖甲村。

雷娜俐落的抓起一旁的閃電戰斧及神弓，正想要出門查看時，屋簷下的窗戶就應聲破裂。

數十道人影出現在破掉的玻璃窗下。雷娜一看，心涼了一半。是海盜！

「首領，我們找到閃電雷娜了！」海盜吆喝。

雷娜一刻也沒停留，一腳踩在桌上，另一腳踏在牆上，瞬間就躍上屋頂。十多個海盜趁著海浪聲的遮掩，將雷娜的房子團團圍住，各個拿著自身的武器，見了雷娜跳上屋頂就朝她射去。

「本姑娘今天心情不好，你們來了正好讓我出氣。」雷娜大喝一聲，對著海盜扔出腰間戰斧。

戰斧一出，一名海盜立刻重傷。

「可惡，等老子拿下你，看你還怎麼悍！」說話的海盜蓄著一嘴白鬍子。

雷娜抬眼一看，冷笑著說：「原來是手下敗降黑鼻的爸爸——白鬍子，我今天不把你的鬍子全拔光，我就跟你姓白。」

雷娜說著，掄起她的神弓瞄準白鬍子。

「想殺我，沒這麼容易。」白鬍子手一揮，躲藏在暗夜中的弓箭手立刻現身，各個瞄準雷娜。

「可惡。」雷娜皺眉，看著雨勢這麼大，村民卻睡死了，萬一海盜發動夜襲，聖甲村肯定死傷無數。得告訴村人海盜來襲才行。

雷娜念頭閃現，身體就下意識跟著動作，手拿著弓箭，一個跨步，立刻跳下另一個屋頂，毫無遲疑的往聖甲村的教堂狂奔。

教堂的頂端掛著一口大鐘。雷娜心想，只要能射中鐘樓上的大鐘，肯定能叫醒睡夢中的村人。

雷娜動作敏捷，遠遠的把海盜甩開。然而速度再快，也快不過海盜手中的箭。大雨中，海盜的箭一支支迅猛的朝雷娜射來。

「可惡！」雷娜一邊跑，一邊注意身後的箭，一下拉背一下側身的躲過如雨的箭海。

教堂距離雷娜還很遠，但是不能再拖延了。雷娜抽出弓箭，咬著牙，用盡全身力氣，朝教堂射出第一箭。

「咻！」

雷娜射箭的力道很勇猛，但是她和鐘樓的距離實在太遠了，箭矢飛到一半就無力了，直直往下墜。

「可惡！」雷娜咬著牙，對著教堂的方向再次拉滿弓。

雷娜射出第二箭。第二支箭比第一支更近了些，但還是遠遠無法跨越距離上的障礙，再次掉入草叢中。

「怎麼這麼難？」雷娜咬著牙繼續狂奔，只能把距離拉近一些再射。

雷娜加快在屋頂上翻飛的腳步，像個影子一樣，讓人眼花繚亂。

「那個臭妮子想通知全村的人，快把那女人砍下來。」白鬍子老盜大喊。

大雨把雷娜打得全身溼透，紅色頭髮服貼在額頭前，眼睛也充滿了一層水氣。

雷娜一邊調整氣息，一邊再度對著教堂的方向拉滿弓。

距離太遠，箭一直射不到鐘樓，怎麼辦？

就在這時，一名海盜眼看雷娜緩下速度，立刻欺身進攻。

雷娜眼看就快要被海盜的大刀砍傷，身後突然傳來慘叫聲。

一個熟悉的聲音怒斥著：「雷娜，你怎麼不閃躲？發什麼呆？」

雷娜轉過身，看向發出聲音的那人。是風嘯天。

雷娜微微勾起嘴角，露出好看的弧度。

風嘯天看呆了，他從沒看見雷娜笑過。

「你怎麼了？」風嘯天一面幫雷娜擋去身後的攻擊，一面緊張的問。

雷娜開心的說：「我父親死前告訴過我：『一支箭敲不響一座鐘樓上的鐘。』我一直沒搞懂這句話是什麼意思。」

「所以現在你懂了，是嗎？你要是弄懂了就趕快跑，海盜來了呀！」風嘯天大叫著。

「風嘯天，我並不只有一支箭，我擁有無數多的箭。」

「你的箭當然不只一支，我的姑奶奶，你可不可以快點？我不想因為出手幫你而變成海盜刀口下的冤魂啊！」風嘯天一邊抵禦海盜，一邊哀嚎。

「我父親說得對，如果一支箭射不響鐘樓上的鐘，那就射出兩支箭或三支箭，只要箭箭相連，肯定能把最前面的箭推向鐘樓。」

說完，雷娜一刻也不停留，往前奔跑起來，在迅速的移動中，她再度朝著鐘樓拉滿弓，然後射出！

雷娜沒有停下手上的動作，當第一支箭射出後，她立刻抽出第二支箭，瞄準第一支箭的根部再度射出。

第二支箭順利的將第一支箭推進後，雷娜繼續射出第三箭，如她所料，箭箭相連之後，第一支箭就得到推進的動力。

雷娜每射出一箭，眼淚就不自覺的流淌。她終於體會父親話中的意思了，長久以來，她是一支箭，再怎麼強悍，也抵達不了遙遠的鐘樓，除非有其他箭的協助。

雷娜的身後，確實有著很多支箭。爸爸為了救雷娜而犧牲，讓雷娜學會勇敢。媽媽不管清醒還是昏迷，媽媽的愛一直都在。從小照顧她的石奶奶，讓她在安全環境裡長大。就連現在趕來幫她殺敵的風嘯天，守護了雷娜背部的安全，讓雷娜沒有後顧之憂，專注的發箭。

「一支箭，確實無法敲響鐘樓上的警鐘，但只要有第二支、第三支、綿延不絕的箭，再遠的鐘，我都能敲響。」雷娜大吼一聲，動作行雲流水，不斷的將弓箭射向前方的箭矢。

風嘯天不由得讚佩雷娜射箭的神力。

雷娜終於體會有同伴一起作戰的滋味，真好。

海盜首領白鬍子見雷娜有同伴幫忙，氣得吹鬍子瞪眼，大吼：「先殺了那個男的，再來殺閃電雷娜。」

成群的海盜像大白鯊，瞬間轉移目標，對著風嘯天撕咬。

風嘯天將注意力完全放在雷娜身上，對於海盜的攻擊完全不在乎。海盜很快的在他的左手臂劃出一道很深的傷痕。

「噹！」雷娜終於讓箭敲響了警鐘。

聖甲村的村民全部從睡夢中驚醒。

雷娜完成艱鉅的任務，立刻騰出手，幫風嘯天對抗海盜。

她一邊殺敵，一邊發現風嘯天竟然全身是血。

「你怎麼搞的？光顧我不用顧你自己嗎？可惡的海盜，找死！」雷娜心口騰出一股怒意。

「終於護你周全了，這大概是我這輩子做得最得意的事了。」風嘯天一個後空翻，翻到雷娜身邊，為她擊殺一名偷襲的海盜。

風嘯天喘著氣，一邊對雷娜小聲的說：「能聽見你的哭聲，我很高興。」

風嘯天輕輕的笑了，那笑容煞是好看，雷娜看呆了好幾秒，突然才意識到風嘯天嘴裡的話是什麼意思。

「你偷聽我哭！找死！」雷娜將怒氣全都發洩在海盜身上，手上的戰斧斜插，三名海盜立刻慘死在戰斧下。

那一天，雷娜和風嘯天在屋頂上抗敵的身影，被村民深深刻在心裡。

兩個人彼此信賴，又彼此守護，每一個動作都配合得恰到好處，既把對方看得比自己的命還重要，又對海盜做出積極的攻擊，交織出來的刀光劍影就像一幅美麗的畫作。

那天之後，風雨停歇，海盜被徹底擊垮，白鬍子老盜也被雷娜依言拔光鬍子。雷娜派人將他送出海外，讓他自生自滅。

聖甲村再度戰勝海盜。從那天起，聖甲村裡就開始傳出笑聲，而笑得最爽朗的聲音，來自雷娜。

雷娜剽悍的個性變得幽默，剛毅的表情變得柔和，儘管腰間仍然插著戰斧，背上仍然揹著神弓，說話依然率性，但是村人能感覺得到，雷娜徹底變了。

隨著雷娜的改變，聖甲村裡的怪病也奇蹟似的消失。

「唷！這不是擁有很多支箭的雷娜嗎？」

偶爾風嘯天在路上遇到雷娜，還是會出言戲謔。

「找死！」雷娜依然霸氣回應，但嘴角上揚的弧度，已經洩漏一切。

「想嘗嘗我彎月長刀的滋味嗎？」風嘯天開玩笑。

「看來你又想被我摔了吧，我不介意。」雷娜聳肩。

雷娜的短髮，被海風吹亂。迎著風，雷娜對風嘯天露出俏皮的燦笑。

雷娜的笑容，讓風嘯天怦然心動。

「你的笑容，真好看。」風嘯天發自肺腑的稱讚雷娜。

雷娜皺緊眉頭，鼓著腮幫子，一個近身，雙手插在風嘯天的腋下，用腰部用力一頂，風嘯天又被雷娜摔飛出去。

「唉唷喂呀！疼死我了，你根本是一隻母老虎啊，哪裡是一支箭？」風嘯天嗷嗷大叫。

圍觀的村人，各個抿著嘴偷笑。

雷娜明白哭泣和笑，都是一種健康的本能，刻意壓制，可能會帶來損傷，適時的運用，反而能帶來力量。雷娜鬆動了對情緒的要求，也間接影響了全村的氛圍。軟弱，才是最大的剛強，畢竟，一支箭是射不響鐘樓裡的鐘的。

雷娜拉起躺在地上的風嘯天，露出慧黠的笑容，兩人就這麼對視著，彼此的眼睛都翳上一層薄霧，晶晶亮亮的。

風吹過聖甲村，帶走無形的時間，卻為聖甲村留下最寶貴的眼淚禮物。

親愛的三三：

聽完〈聖甲村的眼淚〉之後，你對「眼淚」是否也有了不一樣的體會？

眼淚，是非常自然的身體本能，遇到難過的事，身體為了排解悲傷，眼淚便會自動生成，然後很自然的從眼眶中奔流而下。這樣的反應，就像收到禮物我們會開心的跳起來一樣，是再自然不過的事。

什麼時候眼淚變成了「懦弱」的代名詞，媽媽其實也不知道，媽媽只知道在我還很小的時候，當我們跌倒，大人們就會告訴我們：「跌倒了不要哭，要勇敢。」當我們難過時，大人也會告訴我們：「沒什麼好難過的，不要哭，要堅強。」當我們遇到挫折，大人更會告訴我們：「未來的路還很長，不要哭，繼續加油。」

在那時候，彷彿哭泣早已是懦弱的象徵了，為了滿足大人的期待，許多孩子也開始學會「不哭」，就連我自己也是。

在我五歲時，我的媽媽就經常離家。夜裡，我經常因為找不到媽媽而哭泣。到了十歲那年，我的父親和母親離婚了，母親搬離家裡之後，每天晚上睡覺時，我一個人躺在床上，一想起再也不會回家的母親，眼淚就會不由自主的流，從眼角滑落，最後浸溼枕頭。

那時，我雖然會哭，但只會在夜晚自己一個人的時候流淚，一旦天亮，我會跟仙度瑞拉一樣變回原來的樣子，成為和雷娜一樣倔強的人。

在別人面前，我永遠表現出強悍、冰冷，讓人難以靠近，但在一個人的時候，卻感覺孤單、寂寞，而且悲傷。儘管如此，我卻覺得自己比雷娜還幸運一些，因為至少我還會哭泣，不像雷娜，完全把自己的悲傷與難過封印在心底。

然而當我長大，卻不再允許自己在夜裡哭泣了，因為我覺得自己是個大人，不能再像過去一樣任性哭泣，否則就太不長進了。

當我有了這樣的念頭，身體彷彿有了感應，不斷朝「堅強」去武裝自己，然後在某一年的初夏，我因為太過壓抑，臉上竟然開始出現各式各樣的囊包，長滿了整張臉。

這一切都是因為我限制了情緒，悲傷的時候不准身體哭泣，開心的時候不准自己大笑，害怕的時候強迫自己不能恐懼，於是各式各樣的情緒就像失控的火車在身體裡胡亂衝撞，最後衍生出各種疾病，就像聖甲村的村民一樣。

三三，軟弱和難過其實並不可怕，可怕的是我們的內在明明是這麼需要有人去重視它，但我們卻禁錮了自己的傷痛，不讓別人碰觸，自己更刻意忽略，想想看，我們的內心該有多傷心呀。

我花了好久的時間，才學會適當的表現自己內在的情緒，遇到開心的事，會好好的大笑；遇到不順遂的時候，會小小的嘆氣抒發情緒；遇到難過的事，也會好好的哭泣一場。慢慢的，我才找回身體的感受，那是一段很美好的過程。

所以三三，媽媽希望你也能做個如實表達情緒的人，不委屈自己的感受，該哭就痛哭一場，該笑就大笑幾聲，該叫也能大聲的嘶吼一番，這才是健康的真正樣子。

但是**發洩情緒時，並不代表可以任意傷害旁邊的人，因為情緒是自己的，發洩的方式也應該限於自己能控制的範圍。**

以前的我，因為心裡壓抑太多悲傷和憤怒，所以說出來的言語總是充滿了敵意與傷害，就像聖甲村的雷娜一樣。

所以當我們學會釋放情緒之後，接下來便是我們學習用正確語言，表達我們真

正內在聲音的時候了。

不要小看語言的表達，在古代，有時無心的一句話可能會害自己掉腦袋，相反的，如果臣子善於說話，也能讓頹廢的皇帝變得積極，還可能造就一代偉大的明君呢！

歷史上空有忠心卻學不會好好說話的臣子、最後連自己性命都賠進去的臣子很多，一如比干。

當時，比干是商朝輔佐紂王最重要的大臣，也是紂王的叔父。他有非常多治理國家的抱負，也擁有著無比的智慧，所以在紂王剛當上皇帝時，協助紂王完成非常多的國家建設。只是當朝局比較穩定之後，紂王卻沈迷於妲己的女色之中，讓比干非常生氣。

為了勸誡紂王遠離女色，比干仗著自己是紂王的叔父，又對國家有一點功績，所以每天都在朝堂上斥責紂王。

只是紂王一直都沒有改變，比干最後終於受不了，直接在紂王的寢殿前對著紂王和妲己的房間大罵三天三夜。

一般人面對一點點的辱罵都受不了了，更何況是一國的君主，而且還被罵了三天！紂王修養再好，也不可能繼續縱容比干這樣罵下去。

最後，紂王假借聖人心臟有七個竅的傳言，命人將比干的心臟挖開一探究竟，比干因此而喪命。

在外人眼裡，比干是耿直的大忠臣，他不怕權勢，直言諫君，但站在紂王的角度，比干太過執著，只在乎自己的感受，不顧君王的顏面，所以最後被賜死也是意料中的事。只是比干罵了君王這麼久，有達到他的效果嗎？不，結果恰恰相反。所以比干究竟是聰明的人，還是駑鈍的臣子呢？

而另一個戰國時期的齊國臣子——淳于髡，就聰明多了，不但懂得人心，還懂得掌握說話的藝術。

當時，齊國的君主齊威王還不到三十歲就繼承了王位，但是一上任卻完全不理朝政，長達三年，整天只知道飲酒作樂，把國家搞得亂七八糟。

鄰國看齊國這麼衰敗，野心四起，紛紛出兵，侵吞了齊國許多土地，眼看齊國就要滅亡，齊威王還是漫不經心。大臣們個個心急如焚，卻沒有一個人敢去勸誡，深怕自己說話不中聽，連性命都丟了。

最後，大臣淳于髡實在看不下去了，決定去晉見齊威王。

在朝堂上，淳于髡一開口，說的不是意見，而是一則故事。

淳于髡說：「大王呀，我們朝堂上飛來了一隻大鳥，那隻鳥的羽毛非常漂亮，眼睛也非常有神，但奇怪的是，他來王宮中已經三年，卻從來沒有展翅飛過一次，也沒有人聽過牠叫一聲，宮裡的人完全不知道這隻大鳥為何長著鳥的樣子，展現出來卻完全不像鳥。聰明的大王呀，您可知道這是為什麼嗎？」

淳于髡用好奇的語言詢問君王，言詞中沒有責罵也沒有怒氣，只是向君王傳達他的困惑。

聰明的齊威王一聽就知道淳于髡是用大鳥來暗喻自己，所以他立刻笑著回答：「這可不是一隻平凡的鳥，這是一隻神鳥，因為，這隻神鳥不飛的時候看起來普通，一旦飛起來，可是會一飛沖天呢；現在不叫也不代表牠不會叫，牠一旦叫出聲音，天下的人都會大吃一驚。」

這句話也就是成語「一鳴驚人」的由來。

從此以後，齊威王就像換了一個人似的，不再沉迷酒色，開始認真治理國家，就像他所說的那隻神鳥一樣讓大家驚豔，齊國很快就富強起來了。

淳于髡聰明的說話方式，不但保護了自己的生命安全，也成功的盡到臣子進諫的責任。

將淳于髡和比干兩者比較一下，我們很快就明白，學會說話對人的一輩子是多麼的重要。

「說話」在薩提爾奶奶的冰山中，是屬於看得見的「行為」，薩提爾奶奶說，許多人說話的時候會帶著指責別人的情緒，或者冷漠的口吻，或者討好的乞求方式，這些說話的方法都會讓聽的人受傷，而最好的說話方式，薩提爾奶奶認為是「一致性」的方式。

什麼叫做「一致性」的說話方式呢？簡單來說，**「照顧了自己，也照顧了別人感受」的說話方式，就是「一致性」了。**

要學會一致性的說話方式，得先學會「傾聽」。傾聽能帶來很多神奇的力量，有時候甚至可以幫助受困的人找到解決的方法。

讓我來說一則關於「孫山」傾聽的故事。

第3章

孫山的處境

「表達」的故事

你就像一面鏡子，
靜靜聆聽每個人的困境，
從不試圖解決問題，
問題會自己找到答案。

在遙遠的古代，有個人深受村子裡的人喜愛。這個人叫做「孫山」。

孫山長得非常瘦小，遠看像個猴子，近看像個長不大的孩子。雖然長得不怎麼起眼，但因為他讀了很多書，非常有學問，所以村子裡的人總是將自己解決不了的事帶來，想從孫山口中得到一些解決的方法。

因為長得像猴子，臉上滿是皺紋，看上去不太好看，所以孫山沒什麼自信。面對村人來找他，深怕自己不小心說錯話，所以孫山總是聽得多，說得少，偶爾提問幾個困惑而已，但神奇的事總是發生在他提問之後。

每次他一問完問題，煩惱的村人總會靈光乍現，自己找到解決問題的方法。

孫山一直很困惑，自己到底做了什麼。

一天，孫山在村子裡看見一個滿臉悲傷的阿婆。

「婆婆，你怎麼了？」他體貼的上前詢問。

阿婆苦著一張臉，微微張開老邁的嘴巴，露出了裡頭空蕩蕩的牙床。

「你本來不是還有一顆牙？現在怎麼沒了？」孫山說中阿婆的傷心事，惹得阿婆的眼淚不停的流。

原來，阿婆掉了最後一顆牙，難怪她這麼傷心了。村子裡的老人都曾經走過這段路，因為只要掉下最後一顆牙，壽命就只剩三年。

牙齒，是他們生命的象徵。

阿婆的家人知道阿婆掉牙齒之後，看到阿婆就顯露出一臉悲痛。

「你怎麼這麼不小心？那麼珍貴的牙齒你居然讓它掉了。」

「你是不是沒有刷牙？」

「你就快要死了，你的錢都放哪兒？趁早分一分吧！」

「要死之前記得別睡屋子裡，免得死後一家人還得睡你死過的屋子會晦氣。」

面對阿婆的生死關頭，每個人都來關心，但是那些關心的話，每說一次，阿婆的心就痛一次。

阿婆哭著跟孫山說：「我就快死了，每個人都在為我死後做打算，可是我還沒準備好，我還不想死。」

孫山看著阿婆哭得像個孩子，心裡也不好受，面對死亡，誰都不可能準備好。

孫山扶著阿婆到路邊的大石頭上坐下。

「婆婆，你現在心裡肯定很亂吧。」孫山說。

阿婆點著頭。

「婆婆，這很正常，每個人面對死亡，都會很亂，你還能忍這麼多天，非常勇敢呢。」孫山說。

阿婆哭得更大聲，她感覺自己被理解了。

孫山輕拍阿婆的背，靜靜的陪著阿婆，直到她的情緒緩和一些。

阿婆說：「哭完了，心情稍微平復了點，謝謝你呀，孫山。」

「我也沒做什麼，就是看著你哭一會兒。」孫山撓撓腦袋。

「就是因為你沒做什麼，所以我才能自在的哭。」阿婆說。

「婆婆，你最後一顆牙齒掉了，打算怎麼過往後的日子呢？」孫山輕柔的問。

阿婆聽聞孫山問這個問題，眼眶不禁又紅了。

「我想……也許提早把房子分給孩子，把錢也給分了，省得我死後，孩子為了分錢而爭吵。」阿婆一邊說，一邊露出落寞的神情。

「那是為孩子，不是為了你自己。我是問你打算為自己做些什麼？」孫山問。

阿婆歪著頭，想了一會兒，道：「為我自己嗎？如果分完身後財還有一點錢的話，也許我會買身好一點的衣服，畢竟是要穿進棺材裡，總不能穿得太寒酸。」

孫山點著頭，又問：「這是為了你身後事而準備，我要問的是，你現在距離死亡還有三年的時間，這三年你打算怎麼運用？買衣服總不需要花三年吧？」

阿婆想了半天，卻想不出任何想做的事。

孫山笑道：「婆婆，我比你年輕，可是你看我的牙。」

孫山張嘴，露出一口有些暗灰的牙。

「我後面的牙已經開始搖晃了，我的牙可能不到你這年紀，就要全部掉光了，能不能跟我說說，你怎麼保養你的牙齒？你每天吃什麼？」

阿婆聽了孫山的問題，得意的說：「我每天早上起床一定要喝一杯自家羊隻的羊奶，喝完羊奶我就到田梗上打太極，打完太極我就跟著兒子下田去務農，日子過得扎實極了。田裡的農事幹完了，我肯定要為自己下廚，煮一道紅燒魚，慰勞自己這一天來的辛勤……」

阿婆講到這裡，突然明白自己剩下的三年時光該做什麼了。

「孫山，我明白了，我通通明白了！」阿婆一邊打著孫山的背脊，一邊開心的笑著。

「你明白就明白，別打我呀！」孫山求饒。

「以前我忙碌一天後會慰勞自己吃好一點，現在我已經辛苦一輩子了，剩下的三年時光，當然更要好好的慰勞自己。我要吃遍美食，我要去遊歷，我要去做我想做的任何事。」

阿婆完全從憂傷的情緒中走出來，對未來充滿了各式各樣的想像。

阿婆一想到未來還有這麼多值得去享受的日子，心裡就充滿了鬥志，心情愉快極了，壓根沒有心思去思考三年後死亡的日子，也沒閒工夫為還沒到的日子而悲傷。

「孫山，謝謝你呀，跟你聊一聊，豁然開朗，心情好極了。」阿婆笑了。

孫山用言語照亮了阿婆的內心，為她點了一盞溫暖的燭火。

「婆婆，所有的事都是你自己想通的，我根本沒幫上你什麼忙。」孫山不好意思的撓了撓頭。

「說什麼傻話，任何人跟我說話，都讓我傷心，思緒混亂，別說想通了，我根本不想活了，但是遇到你，我卻什麼都想明白了。你說不是你，還能是誰的功勞？」婆婆對著孫山豎起大拇指。

孫山傻笑著。

孫山就是這樣的一個人，說話很輕柔，與他說完話，整個人彷彿能產生出力量，不管有什麼困難，只要找上孫山，就能找到答案。

村子裡的孩子覺得神奇，編了個順口溜，大街小巷的傳唱：

有問題，找猴子，
猴子張牙又舞爪。
有問題，問親人，

親人大呼又小叫，

有問題，找孫山！

順口溜傳遍大街小巷，孫山一聽到有人傳唱關於他的唸謠，總是嚇得逃走，從來不敢聽完，因為他知道自己長得不好看，這種順口溜都是嘲笑居多，讚美得少，不聽也罷。

沒自信的孫山，面對村人帶來的難題總是仔細的聆聽，雖然來的人很多，但孫山總能讓村人帶著笑容回去。

只是孫山不明白，自己究竟是怎麼辦到的。他為此感到困擾，越想找出答案，就越容易把事情搞砸。

一個月後，阿婆隔壁打鐵的老人，最後一顆牙齒也掉了，心情難過極了。阿婆和老人是老鄰居，阿婆建議老人去找孫山聊一聊，也許會和她一樣找到新的生命方向。

於是，老人來了。

老人向孫山哭訴：「我的牙掉了，我就要死了。」

孫山見老人的問題和阿婆一樣，心想機會來了，這道問題他解決過，只要照著阿婆最後想通的結果去告訴老人，肯定會獲得最好的效果。

孫山難得自信的說：「死亡，我明白那感覺，不久前婆婆也遇過一樣的傷心事，所以你現在只要照著以前怎麼對待自己，剩下的三年時光，照以前的方式過活就對了。」

老人一聽，瞬間感覺人生很淒涼，一想到生命最後三年，都要照以前的樣子過日子，心裡就覺得悲苦。

老人長久以來一直獨居，一個女兒住在遠地，一年見不著一次面，一個兒子在許多年前進京趕考的路上，生了一場大病，最後一面都來不及見，就撒手走了。

老人面如死灰，嘴上謝過孫山，告辭離開。

老人走過孫山身邊時，孫山感覺到一股寒意直竄心頭。他顯然搞砸了這一次的對話。

孫山很懊惱，整夜睡不著。隔天，他決定去找老人道歉。

孫山來到老人家，見了老人，開口道：「對不起，我昨天不該把婆婆的人生答案丟給你。」

老人病懨懨的擺擺手，說：「小伙子，我本來就是個失敗的人，你說得沒錯，以前的日子怎麼過，以後就怎麼過吧，死亡要來，誰都擋不住，我不該把希望寄託在你身上。」

孫山很難過，知道自己傷了老人的心，他撓撓頭，不知道該怎麼辦。

他看向老人的房子，屋內沒有炊煙，沒有桌椅，有的僅僅是冰冷堆放的鐵具，還有刺骨的冷風在屋子裡颳來颳去。感覺老人一個人住在這樣的環境，非常孤單。

孫山感慨的說：「一個人在這空蕩蕩的屋子裡過日子，真是為難你了。我聽隔壁婆婆說，你有個女兒在遠地是嗎？」孫山關心老人的生活。

「是啊，我女兒嫁了個治水的師傅，生了五個孩子，一家人住在河西，女兒忙著照顧丈夫和孩子，每天忙得團團轉，都沒辦法回來，有時，我真想去看看她。」老人感嘆。

「那你怎麼不去呢？」孫山很好奇。

「我怎麼不去？因為我每天有忙不完的工作，答應要給人的鐵具各個都在趕工……」老人越說越小聲，隱隱覺得哪裡不太對。

「剩下的三年，你也要忙打鐵嗎？」孫山問。

老人臉色陡變，抬頭看向孫山時，眼光如炬，把孫山看得全身發毛。

「老先生，您怎麼了？」

「孫山，你……你剛剛說什麼？」

「我說……如果生命只剩下三年，你要把剩餘的時間都這麼過，不會覺得遺憾嗎？」孫山一字一句的說，深怕自己說錯了什麼讓老人陷入傷心之中。

這一次老人沒有傷心，反而拍著孫山的肩膀，很精神的說：「你說得太對了，以前我守著鐵鋪，是怕女兒萬一受了委屈，這個鐵鋪就是我能給她的安身之處，所以我撐著這個店鋪，但現在我連命都快沒了，還有什麼不能割捨的？」

「你的意思是……」孫山還沒弄明白自己說了什麼，竟讓老人的想法改變了。

「我要把打鐵鋪賣了，搬去我女兒附近。剩下的三年，我要好好守著女兒，把過去沒能在一起生活的那些日子都給補回來。」

老人精神奕奕，對未來充滿了新的想望。他投給孫山感激的一笑。

老人找到新的生活目標，孫山為他高興，但也為此苦惱。讓別人找到生命新方向是他的榮幸，但他壓根不知道自己究竟說了什麼導致老人豁然開朗。

孫山一直找不到答案。

日子一久，孫山發現，他越想幫村人解決問題，問題越解決不了，還會和村人鬧得不愉快，但不想解決問題時，問題反而很快被解決。

這樣的結果讓孫山非常沮喪。

然而，讚揚孫山的順口溜，卻一直在大街小巷傳誦，而且越來越多人吟唱：

有問題，找孫山！
神奇神奇真神奇，
最後變成孫山有問題。
一個問題兩個問題，
孫山真的有問題。

孫山不敢面對順口溜已經是眾所周知的事。每次在街上聽見孩子傳唱，他就像隻猥瑣的猴子逃得遠遠的，沒信心面對孩子的嘲笑。

孫山不相信孩子在歌頌他，雖然每天找他說話的人比河裡的魚還多，占據了他讀書的寶貴時光，但他一直不敢相信村人找到解決問題的方法，真的是拜他所賜嗎？

孫山一面聽村人訴苦，一面努力認真讀書。

春天來了，進京趕考的日子也來了。

村子裡，除了孫山之外，還有另一個年輕人小何也要進京考科舉。

小何是個性情古怪的年輕人，說出來的話像刀，總是刺得身旁的人非常疼。出發前，小何的媽媽來找孫山。

「孫山，我想拜託你和小何一起結伴上路，行嗎？」何大娘說。

「行啊！不用拜託，我很樂意有人願意和我一起結伴，路上彼此有個照應，是我的榮幸。」孫山很願意小何和他一起。

「不不，你不知道小何，他天生不喜歡和人靠近，每個人一靠近他，就被他刺傷，但是我想，如果是孫山的話，也許能容忍他。」何大娘的眼眶裡有些許的黯淡。

何大娘一邊說，一邊緊緊握著孫山的手，對孫山感到很抱歉，因為進京考試路途遙遠已經夠累了，她還要孫山照顧她的兒子。她的內心很糾結。

「小何今年多大了？」孫山問。

「今年滿十六，老大不小了。」何大娘說。

「您知道我今年多大歲數？」孫山瞇著眼，臉上皺紋橫生。

「你？你不就屬猴，比小何大整整十二歲，今年二十八了吧。」何大娘不知道孫山問這些做什麼。

「您覺得十六歲的體力好些，還是二十八歲的體力好些？」孫山問。

「這……應該是十六歲的體力好，是吧？」何大娘回答得很猶豫。

孫山笑嘻嘻的說：「所以呀，能和你兒子一起結伴，我賺得多呢！我要是走不動了，說不定小何還得背我呢！」

何大娘聽著聽著就笑了。

孫山說：「您讓小何和我一起去，我上京的路上還能有個伴，說說笑笑不寂寞，您說，我是不是比小何賺得多呀？」

何大娘笑得更開心。

孫山真是太會說話了，句句說到人的心坎裡，讓人溫暖，鬆懈了擔憂。

何大娘想讓小何和孫山一起去考試還有個私心，那就是希望小何能在孫山的身旁受他的教化，不要把全世界的人都當成敵人！

只是這樣的奢望，何大娘只能默默放心裡。孫山為了應考夠忙的了，現在還答應帶著小何，她怎麼忍心再讓孫山背負著改變小何的責任？

孫山和小何離開村子的這一天，孫山面向村人揮手道別，小何卻始終背對著孫山，高傲的看向遠方。

「我們上路了，大夥都回去幹活吧！」孫山說完，邁開步伐朝村外走去。

何大娘一把鼻涕一把眼淚，目送小何和孫山離開村子。

小何長得很清瘦，和孫山兩個人並肩一起走，就像一支竹竿旁掛著一隻猴子，一高一矮的身影特別突兀。

孫山仰頭看了一眼小何。

「小何，要不要和你娘揮手說再見？不然出了村子，想再看見你娘的身影可就不容易了。」孫山提醒。

小何從鼻子裡哼了一口氣，說：「小孩子才說再見，你都多大的人了，還這麼幼稚。」

孫山差點被自己的口水噎死，他第一次領教到小何的嗆辣。

孫山傻傻的笑了笑，算是應付過去了。

從家鄉到京城的路非常遙遠，孫山和小何專心的行走。

偶爾路況不好，孫山會好心提醒小何：「小心地上有個大坑。」

小何會冷冷的回應：「我不是瞎子，你自己走好你的路吧，老猴子。」

偶爾下起大雨，孫山會撐起破油傘，邀小何一起躲雨：「一起來吧，能遮一點是一點。」

小何則是一貫的冷冷回應：「反正都會溼，才不差那一點。你的破傘，你自己留著用吧。」

日子久了，孫山已經見怪不怪，慢慢適應了。孫山尊重小何的個性，大部分時間彼此都專注於趕路。

兩個人走了半個月，小何開始眼神渙散，體力不支。

小何在家鄉，總是眼高於頂，看任何人都不順眼；平日裡除了讀書還是讀書，白天起床後讀書，吃飯時讀書，上茅廁時讀書，晚上睡覺時他還是讀書。除了讀書，小何的母親根本捨不得讓他做其他事，所以他的體力遠遠不及孫山。

小何臉色慘白，鞋子早已經磨破他的腳，現在每走一步都痛得他冷汗直流，腰也疼得要命。

小何高傲的性子雖然不服軟，但是身體上的痛感讓他的嘴巴發出想忍耐、卻又忍耐不了的唉叫聲。

沒多久，小何終於受不了疼痛，找到一處大樹的陰涼處，一屁股坐了下來。疼痛的小何依然高傲，他把下巴抬得很高，倔強的說：「不是我不想走，是這裡的風景實在太美了，我想留在這裡享受美景，你自己先走吧。」

孫山看著前往京城的路，那條路塵土飛揚，看不到盡頭。孫山低頭看看小何，小何的臉色慘白，全身散發著頹喪的氣息，又看到小何的腳踝有一大塊紅腫，顯然被鞋子折磨了很久。

孫山明白小何為何坐在大樹下休息，一切因為痛。他走到小何身邊，跟著坐在一旁的石頭上。

「老猴子，你幹什麼？」小何大驚。

孫山咧著嘴傻笑：「你坐坐，我坐坐，一起休息，多幸福。」

「你還有閒工夫坐在這裡？再坐下去，你會趕不上進京考試的時間啊，真是個傻子！」小何從來沒看過這麼傻的人。

孫山彷彿沒有聽見年輕人說話，只是悠閒的轉著頭，看看遠方的大樹，看看頭上湛藍的天空，上頭還偶有低飛的老鷹盤旋其中。

「小何，你說得真是對極了，這景色真的美，值得我們為它停留。」孫山讚嘆景色變化帶來許多情感上的衝擊享受。

「真是瘋了，我叫你走，你是聾了呢，還是腦袋有問題？」小何惱怒。

「我啥也不是，我只是……」孫山搖搖頭，嘆口氣說：「小何呀，你看一下我的鞋。」

小何把目光看向孫山的鞋。

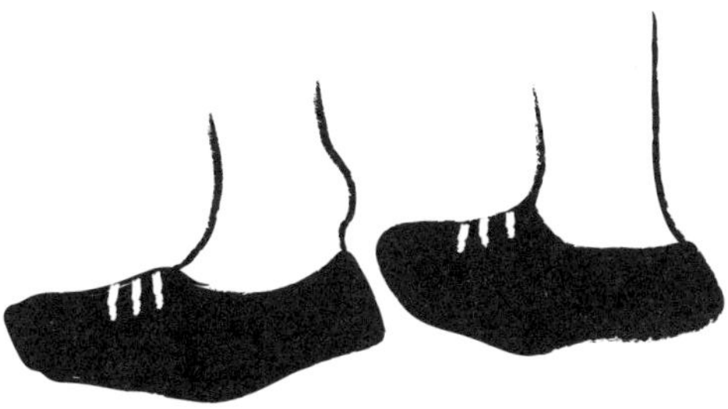

孫山的鞋底開了，鞋面也破成了一張嘴巴，彷彿正對著小何咧嘴笑，露出裡頭的黑色襪套。

小何怔住了，第一次忘了說難聽話。他低下頭，看向自己的鞋。

小何嘲笑著說：「我的鞋也破了，咱們真是半斤八兩。」

小何剛強的性格稍稍軟化，不再強悍的趕孫山走，兩個人就這麼坐著。

「你和我都挺認真趕路，都把鞋子穿破一個大洞也沒停下來，很固執，也有毅力。」孫山感慨。

小何看著孫山，覺得孫山說的話還挺順耳的，看孫山的樣子也就沒那麼討厭。

「你的樣子看起來雖然還是像猴子，但沒那麼老了。」小何沒頭沒腦的說了這麼一句。

孫山哈哈笑了。

小何也笑了。

這是小何第一次說話不那麼尖銳了。

「以後不叫你老猴子，改叫你孫猴子吧！」小何抿著嘴笑。

小何釋出的善意，孫山很捧場。「行呀，叫什麼都行，雖然只是個名字，但我能感覺你開始看我比較順眼了。」孫山真誠的說著心裡話。

面對蓊鬱山巒的景色，兩人有一搭沒一搭的聊著天。

小何輕笑著說：「這幾天光顧著趕路，都沒注意到景色居然這麼美，實在是太浪費了。」

孫山點著頭，「能坐下來休息，又能看見這樣美的風景，你的功勞最大。」

小何一臉嫌惡，「別說那麼噁心的話，我知道你心裡肯定是怨恨我的，要不是我娘託你照顧我，你根本不會管我。」

「小何，原來我在你的心裡是這副德行呀。」孫山感慨著。

小何心裡一驚，瞬間覺得自己真是個面目可憎之人，自己的內在扭曲，連帶看人都扭曲。但是礙於顏面，小何拉不下臉來，只能偽裝自己沒聽見，暗地裡卻偷偷觀察孫山的反應。

孫山繼續說：「小何，這次進京趕考，我已經數不清是第幾次了。每一次我都走一樣的路，但是卻從來沒有抬頭看一下天空，也從沒有欣賞天空中老鷹遨翔的英姿，更別提山巒矗立在眼前的震撼是什麼感覺了。」

小何不耐的說：「孫猴子，你到底要說什麼？」

「我要說的是，我們這一輩子還長著呢！好不容易出門一趟，我卻總是低頭趕路，要不是因為你腳疼，我肯定會繼續用過去的方式趕路，就會錯過眼前這麼美的景色，那麼我這一輩子，將多麼無趣。所以我是真心謝謝你讓我有機會休息，真的。」孫山說得真誠。

小何看著層層疊疊的高山，鼻子微酸。「這麼雄偉的山，得花無數的歲月不斷累積；讀書也一樣，我們每天讀書，就為了進京趕考能金榜題名。」

「這些年你一路苦讀，不好熬吧？」孫山心有所感。

「嗯。」小何想起這些年的苦讀，眼眶瞬間湧上淚水，「其實我是為了我娘才讀書。我自小沒有父親，我娘一個人把我養大，她辛苦賺錢供我讀書，把希望全寄託在我身上，我不能讓她失望。」

「你是為了你娘讀的？這麼說，你其實有其他想做的事？」孫山詫異。

「不瞞孫大哥，我其實一直想當個雲遊四海的賣畫郎，可以遊歷天下，也能寄情於書畫中。」小何坦率的說出自己心中想望。

「挺好的呀！能找到自己的志趣，好事！」孫山拍著小何的背鼓勵他。

「興趣以後再說吧，我們先進京考試，就差這麼幾里路了，沒理由讓孫大哥陪我一起將未來葬送在這裡。走吧！」小何開始對孫山產生尊重，言語間不再猴子、猴子的亂叫，而是改口叫孫大哥。

「好！」

兩人起身，繼續趕路。

山巒景致與雲霧疊合，美景盡收眼底，兩人一前一後，心滿意足的前往京城。

路上，不管腳如何疼痛，小何都沒再休息過，他以無比的毅力走向京城。就在小何的腳腫到看不見腳趾頭時，他們終於來到京城。

一進京城，小何就累得癱坐在一座廟門口的階梯上，大口喘著氣。

「你在這裡休息一會兒，我去找水過來給你喝。」孫山拍拍小何的肩膀。

「孫大哥，你自己也夠累了，休息一會兒吧。」小何說。

「沒事，你在這兒等我一下。」孫山揮手要小何別擔心。

孫山放眼望去，立刻看見廟前不遠的地方有一口水井。拿出腰間的軟壺，孫山很快的裝滿水，快步往小何的方向折回。

廟前擠滿許多進香客，孫山在人群裡穿梭，好不容易鑽出人群，卻發現小何不見了。

提著水壺，孫山在眾多的人群裡轉了一圈，卻看見小何蹲在廟門口的石獅子底下，仔細一瞧，小何身邊還有一個女孩，哭得正傷心。

孫山快步走過去。

「孫大哥，你來了正好，你快跟小女孩聊聊，她的問題恐怕只有你能解了。」

小何看見孫山，就像抓到浮木一樣，鬆了一口氣。

孫山看看女孩，又看看小何，還不明白發生什麼事。

小何解釋道：「小妹妹喜歡讀書，可是全家人都反對她讀書，心裡難過，所以來廟裡祈禱神明能讓她讀書，哪知道她一邊祈求一邊忍不住就哭了，越哭越傷心。」

孫山點頭。「原來是這樣，難怪聽她的聲音都哭啞了。不能做自己喜歡的事，肯定很難過。」

女孩停止哭泣，抬頭望著孫山。

女孩覺得眼前這個像猴子一樣矮小的叔叔，好像很能理解她心裡的苦。

「孫大哥，還是你厲害，我剛剛怎麼安慰女孩都沒用，結果你才開口，女孩就停止哭泣了。」

孫山笑了。「哪裡的話，可能我長的樣子嚇著女孩了。」

孫山轉頭對女孩說：「別害怕，我不是壞人，我今天和你身邊的小何叔叔剛進京。聽你的哭聲都啞了，喝點水吧？」孫山的聲音很溫暖，讓女孩的心情稍微緩和。

女孩接過孫山手裡的水壺，仰頭喝了一口水，滋潤自己乾渴的喉嚨。

喝完後，女孩微笑，露出兩個小小的梨渦。

「我叫心心，你也是為了進京趕考來的吧？」女孩問。

「我叫孫山，你對科考也有研究？」孫山笑著問。

心心有些彆扭的點點頭。

「我……很喜歡讀書，但是我經常被哥哥姊姊笑，他們說我將來肯定會成為一個沒用處的人，因為女孩子讀書注定要失敗，既不能去參加科考，也不能當飯吃，這種無用的才能，只會遭大家排斥……每次想到這些，我就非常難過，今年看到這麼多人進京來應考，我越想越羨慕，所以越哭越傷心。」想起此事，心心一臉哀傷。

在孫山那個時代，社會氛圍是不鼓勵女孩讀書，所以心心的姊姊們也都沒有讀書，每天忙著學做女紅，但心心從小就喜歡看書，爹爹經常將她抱在自己腿上，一個字一個字教心心認字。

心心越長大，漸漸有了自己的想法，但姊姊和哥哥總是笑她傻，讓她不知道該如何是好。

孫山看著心心那張可愛又純真的臉，心疼的問：「你喜歡你的母親嗎？」

心心仰著小臉，噘著嘴說：「當然喜歡，我的媽媽雖然沒讀過什麼書，但是說出來的話，比那些讀過書的人更溫柔、更有力量。她可是全天下最好的人了，是個全心全意愛孩子的好娘親呢。」

孫山點著頭，又問：「那她也反對你讀書嗎？」

「當然不，她很喜歡我讀書，她喜歡我說書裡的故事給她聽。」心心一臉得意的模樣。

孫山問：「那你希望長大以後成為什麼樣的人？」

心心想也沒想，立刻回答：「當然是成為像我母親一樣溫暖的人。」

女孩說到這裡，突然豁然開朗。

心心大叫：「我懂了！我其實不用在乎以後能不能去科考呀，因為讀書是為了自己，並不是為了考試。我讀書，就能懂得很多道理，我會成為像母親一樣溫暖的人！」

見心心這麼快就想通了，孫山欣慰的捋著小鬍子，陪著女孩呵呵的笑著。

心心很快的告別了小何和孫山，她要回家跟娘親分享這件重要的決定。

小何豎起大拇指。「孫大哥，村子裡的人都說你很會說話，我根本不信，現在我親身經歷，完全信服你了。你真厲害，三兩下就讓小女孩想通了。」

孫山撓撓頭說：「我也不知道是怎麼回事。很多時候我只是多問了幾句話，別人自己就想通了；有時候我很想解決問題，反而弄巧成拙。你沒見我之前在村子裡失敗的慘樣，慘不忍睹。」

孫山的話，讓小何起了興致。

想解決問題，反而解決不了？不想解決問題，反而問題自己被解決了？真是神妙！小何覺得孫山真是越來越有意思了。

孫山和小何，在京城裡尋了一處乾淨的落腳處，就等著科考的日子大顯身手。

科舉考試是京城最熱鬧的大事，開考那天，上萬名考生都擠進考場應試，一連考了三天。

考完後，考生們各個疲憊的走出闈場，彷彿歷經了一場生死大戰。

小何和孫山兩人回到客棧後，立刻呼呼大睡，像是要把這三年來讀書的疲憊，一次睡回來。

睡了三天兩夜，小何和孫山這才慢慢活過來。

客棧裡，像孫山一樣的考生很多，他們也都住在客棧等待放榜的日子到來，畢竟這可是關係到他們一輩子的希望。

放榜那天，孫山落腳的客棧裡，所有考生都起了個大早，全部梳洗乾淨後，就上路前往放榜的廣場去看榜單。

孫山和小何也出發了。

路上，每個人心裡都緊張得要命，孫山和小何也擠在人群之中。榜單一貼出，所有人蜂擁上前，隨著榜單揭示的人名越來越多，有些人身體燥熱，有些人心裡發冷，而孫山和小何也全身緊繃極了。

最後，孫山發現自己的名字落在榜單的最後一行。

孫山考上進士了！

雖然是最後一名，但就是考上了。孫山開心得差點跳起來。

不過，小何的名字好像沒有在榜單上。

孫山看向小何，投以關注的眼神。

小何的臉色發白。他落榜了。

小何獨自退出看榜的人群，朝客棧走去。

「小何！小何！等等我。」孫山推開人群，追上去想安慰小何。

小何一臉哀傷的看著孫山。

「小何呀，你聽我說，沒考上很正常，你不用太難過……其實這個科考呢，它不過就是一場考試，你想想我，也是考了好幾次。你還年輕，所以真的不需要難過……」孫山想安慰小何。

小何越聽臉色越難看，兩行清淚終於受不了壓抑，奪眶而出。

「孫大哥，我叫你一聲大哥，是因為你在這個旅程裡，用自己的生命態度贏得了我的尊敬，但絕不是因為你會教訓我該如何做人。現在你居然連我的傷心難過都要干預！你以為你是誰！」小何大吼。

孫山愣愣的看著小何，下一秒狠狠的打著自己的腦袋。

孫山氣惱自己怎麼又想「解決問題」。每次想解決問題，下場都很難堪，怎麼自己都沒學到教訓？現在小何考壞了，自己居然又想「解決小何難過的心情」，真是太不應該了。

面對孫山突如其來的舉動，小何嚇了一大跳。

「孫大哥，你別打自己！」小何拉著孫山的手。

「小何，是我錯了，你沒考上，當然會難過，這很正常。是我不對，怎麼可以叫你別難過呢？尤其又看到我考上，這讓你更難堪吧？」孫山向小何道歉。

小何紅著眼眶。

「我太明白那感受了，我只是想告訴你，如果你想靜一靜，我絕對不會打擾你，但是如果你想找人訴苦，我希望我有這個資格能聆聽你的苦悶。這次沒考上，接下來你有什麼打算，如果願意讓我知道，我會很樂意當個聽眾。」孫山說。

小何搖搖頭，嘆口氣說：「我不知道，我一想到要回家見娘親失望的臉，就想找個地洞鑽下去。」
「你不想回家，到外頭避避風頭也是好的，我先回家幫你帶個消息給你娘，這樣如何？」
小何稍微露出了笑容。「如果孫大哥能幫我帶消息回去，也許我能先到四處遊歷一番，藉此開開眼界，也讓自己平復心情。」
「行！你不是說很想當個賣畫的畫師？說不定你回來時，這事就成了！」
「說得對極了，考試失敗，反而讓我有機會去嘗試自己想要的工作！」小何邊說，眼睛邊發亮。
「那咱們還等什麼？」
「孫大哥，我想回客棧寫封信，你幫我帶回去給我娘吧，也算是給我娘一個交代。」小何說。
「行！」
孫山和小何回客棧，小何立刻提筆寫了一封簡短的信，交給了孫山。
「還有什麼需要轉交給你娘的？」孫山問。
「沒了，這封信就是一切了。」小何一如既往的剛強。
孫山收下信紙，背起包袱，兩人一前一後，準備離開京城。

快到城門口時，小何發現一個熟悉的身影。

「心心！」小何叫著。

心心牽著她娘，正準備去市集買些用品，沒想到這麼巧，與孫山他們遇上了。

心心對著孫山和小何露出笑顏，她抬頭跟娘說了幾句話之後，鬆開娘的手，朝孫山這邊跑來。

「兩位叔叔，考完試，要回鄉啦？」心心問。

「是的。」孫山回答。

小何搖頭，指著孫山說：「他要回鄉，我要去遊歷。」

「原來如此呀，等我長大，我也要去遊歷。」心心笑了。

小何蹲下身子，問心心：「我要去遊歷，可是我的包袱裡有許多書，對我來說太沉重了，不太方便。你願意幫我收下這些書嗎？」

心心眼睛睜得好大，開心的說：「真的可以嗎？我願意！」

小何將包袱裡大部分的書都送給了心心，只留了一本詩集，陪伴他在遊歷的路上解悶。

「謝謝叔叔。」

「你喜歡書，這些書跟著你，會幸福。」小何揉揉心心的小腦袋瓜。

心心回以甜甜的笑容。

抱著一堆書，心心朝母親身邊跑去，又跳又叫，指著小何的方向，嘰哩呱啦說個沒完。

心心的娘面露感激之情，朝小何深深的鞠躬，表示感謝。

小何不好意思的撓撓頭。

「你和心心倆各取所需，也不枉你們認識一場。」孫山說。

小何喟嘆著說：「孫大哥，我們就此別過吧，和你一起走過的這趟旅程，學習良多。」

孫山拍拍小何的背。「小兄弟，考試只是人生旅途的一顆小石子，別被這顆小石子絆倒太久，等有力氣了，記得爬起來大步往前走。」

小何露出一抹奇特的笑。「孫大哥你錯了，我其實考上了。」

「你考上了？怎麼榜單上沒……」孫山驚訝。

「我考上的是……等你回去村子裡就會知道了，時候不早了，各自出發吧。」

小何揮揮手。

「好，千山萬水，精彩的故事，就等你遊歷回來說給我聽了。」孫山也揮著手。

兩人就此告別，小何踏上歷練的旅程，孫山則獨自踏上回鄉的路。

回到家鄉後，孫山被人群團團包圍，村人好奇京城的樣子，好奇科考的內容，更好奇科舉的結果。

孫山有問必答，沒有錯漏。

村人得到孫山的回答都滿足的離開，只留下小何的母親眼巴巴的望著孫山。

「孫山，我兒子怎麼沒回來？他考得好嗎？有上榜嗎？」何大娘顫著聲音，既緊張又期盼從孫山嘴裡聽到好消息。

孫山深吸一口氣，緩緩說道：「榜單上，解名盡處是孫山，賢郎更在孫山外。」

何大娘沒讀過什麼書，完全聽不懂孫山說的意思是什麼，但又不好意思問，只好無趣的點著頭。

孫山緩慢的說：「何大娘，小何非常努力，盡了他最大的力氣，關於榜單，他留了一封信給您，他希望親自告訴您結果。」

孫山從包袱中，拿出小何寫的家書，遞給何大娘。

何大娘顫著手，不知道小何給她寫了什麼。

「這裡太陽大，我們到旁邊的那棵大樹下歇息，我把小何的信唸給您聽吧。」孫山說。

何大娘點著頭，默默的走在孫山的身後。
大樹枝枒茂密，撐起一方陰涼之地。孫山和何大娘走進樹下躲避烈日曝曬。
「就這裡吧？」孫山問。
何大娘點點頭，表示認同。
孫山打開信箋，小何細瘦的字躍入眼簾。
「我開始唸了。」
「唸吧，我準備好了。」何大娘再度點點頭。
孫山清了清喉嚨，唸道——

娘：

當您看見這封信時，我已經在遠方遊歷。
關於科考，我的名次落在孫山之外，讓您失望了，但是這一趟科考的旅途上，孫山兄身上的知識，遠比闈場的考試更讓人收穫良多。
娘，當初您讓我跟著孫山，我不願意，覺得他不過就是個長得像猴子的讀書人，是個鄉巴佬，但是這幾個月過去，我對他越來越服氣。他做人做事溫暖，對待人更是溫暖，尤其他獨特的說話方式，總能讓人感覺特別有力量，關鍵只有一個，那就是「孫山從不企圖解決問題」。

只聽問題，而不解決問題，這讓孫山在幫助別人的考核中，屢屢成功。

孫山總是認真傾聽而不說教，遇到別人有想解決的難題，頂多也只是問問別人想要什麼，並且鼓勵別人去追求他們想要的，如此而已。

娘，這次科舉考試，我失敗了，但人生的歷練考試，我收穫太多了。科考失敗，讓我更有勇氣去追求我想要的生活。

娘，別為我擔心，遊歷結束，我會回來，現在名落孫山雖然難熬，但未來我們將會因為名落孫山而感到慶幸。

娘，我對未來懷抱著希望，兒子將會帶來榮耀，請等我回來。

兒子　敬上

何大娘眼眶含著淚水問道：「名落孫山的意思就是名次在你之後，那請問你的名次是……？」

孫山撓了撓後腦勺，知道不能隱瞞了，只好吞吐的說：「其實我的名字出現在榜單的……最後一個席次，再過去就沒有人了。」

何大娘這才終於懂了「名落孫山」的意思，就是沒有考取功名呀。

孫山無奈的說：「何大娘，我不知道要怎麼安慰你，我也不想要安慰你，畢竟你期盼小何能光宗耀祖。小何知道他考這樣的結果會讓您傷心，所以他非常積極想要證明沒考上功名，也能憑他自己的努力光耀門楣。所以……」

何大娘點點頭，會心一笑，說：「孫山，小何那孩子考了一場只有一個人應考的考試，而他考過了。」

「什麼？考過什麼了？」孫山不解，因為小何也說過同樣的話。

「一開始我就希望他能跟你去科考，因為小何的嘴太利了，我希望他能在你身邊多學學你說話時散發出的溫暖。你的說話方式，是我們整村人的榜樣。現在小何親自體會了你說話的溫暖，你讓他考過了這場人生試驗，謝謝你。」何大娘慈藹的笑著。

何大娘起身，把身上的落葉和塵土拍落，抬頭看向頭頂的大樹。

「孫山，我開始期待小何回來時會跟我說什麼了。」何大娘露出溫柔的笑容。

孫山點頭附和。

「孫山，小何說得對，什麼問題到你這兒，全都有了解答，那是因為你就像一面鏡子，靜靜聆聽每個人的困境，從不試圖解決問題，問題會自己找到答案。」何大娘聲音輕柔，像六月的微風。

孫山真的有問題，
一個問題兩個問題，
神奇神奇真神奇，
顯然孫山永遠有問題，
但人們從此沒問題。

村子裡，幼小的孩子們正在高聲唱著孫山溫暖幫助他人的唸謠。

孫山咧嘴笑了，他不好意思的說：「我能力低微，沒辦法幫人解決問題，但是聽人訴苦的能力總是有的。小何沒考上功名，我曾企圖要干涉他的情緒，要他別難過，他氣得痛罵我。現在看小何寫的這封信，我終於知道原因了。聽別人說話，遠遠比教別人怎麼做更有用，因為問題會自己找答案，小何說得對極了。」

傳唱孫山的歌謠仍持續在村子裡進行著，孫山這種「只問不答」的獨特說話方式，照亮了每一個人的心靈，為人們帶來希望與力量。孫山語言的力量，將會永遠的流傳下去，繼續影響著每個人。

（本故事以「名落孫山」為發想，內容則為虛構的創作。）

親愛的三三：

聽完〈孫山的處境〉這個故事，可以發現每一個和孫山相處的人，都能從孫山的話語中，得到許多溫暖與力量。能從對話裡讓別人得到美好的感受，感覺被關心、被重視、被尊重，原因都是來自孫山在說話的過程中，與對方站在一起，用對方看待事物的方式來看世界。他遇到不解的地方就提出困惑，並且連結了對方的「渴望」，在薩提爾奶奶的眼裡，孫山做到了「傾聽」，也就更靠近「一致性」說話的方式。

一致性的說話方式，是薩提爾奶奶認為最有效的溝通方式，既可以清楚的表達自己真實的想法，又可以照顧別人的內在，是非常好的說話模式。

只是一致性的表達方式，一般人很難真正做到，那是因為我們在說話的時候眼裡經常沒有別人，只有自己，當我們眼裡容不下其他人時，就很想要教導對方，如此一來，就會跟孫山想解決問題一樣，落入困境了。

想想看，如果孫山在故事裡是一個「自以為是的人」，面對掉牙齒的奶奶，孫山就可能會說出：「我這麼年輕，牙齒也掉了好幾顆都沒在哀嚎了，你這麼老了，掉幾顆牙有什麼關係？」奶奶聽到這樣的話，該有多傷心呀？

「只聽問題，不幫別人解決問題」，在溝通過程中，是很重要的一環。這是愛的另一種表現，也是薩提爾奶奶覺得最美好的溝通方式。

學會聆聽，用提問的方式讓問題自己找答案，才能展開真正的一致性對話。

一致性的表達，可以避免許多不必要的衝突，但有一些問題仍然無法避免，例如前不久你的好朋友突然喜歡上你鉛筆盒裡的一支彩虹筆，央求你送給她，但是這支彩虹筆你自己也好喜歡，你本能的想拒絕，但又好怕拒絕之後，朋友會討厭你。你在兩難之中好難做選擇，更別說想向朋友好好表達你自己，這真是太難太難了，是吧？

有時候我們做決定時會出現許多顧忌，做了這個選擇，怕自己委屈；做了另一個選擇又擔心朋友生氣。夾在兩者之中，我們究竟該怎麼辦呢？

三三，生命是美妙的，**在看似不能兼顧的兩難選擇中，只要學會「真正的愛」，以愛的語言表達自己真實的想法，就能照顧自己與他人的內心了。**真心對待後，彼此的生命就能綻放出像萬花筒世界般的璀璨光芒，即便是最幽微的角落都能照進光亮。

也許你會問，真的有這麼好的事嗎？是的，這是真的，**只要我們在「選擇」之後學會「承擔」，那麼生命無論在何處都能發出璀璨的光芒了**。

然而什麼是「承擔」呢？

承擔就像出了門選擇帶錢卻不帶鑰匙，那麼在愉悅的享受買東西的快樂之後，也得承擔回家卻進不了門的後果。

承擔也像是肚子餓的時候，既想吃肉包也想吃熱狗，可是身上的錢卻只夠買一樣，一旦買了肉包就買不了熱狗，在享用美味肉包的同時，為自己能吃到熱騰騰的食物感到幸福，而不是為了吃不到熱狗怨天尤人，這就是真正的愛衍生出來的勇氣，讓我們能承擔其後果。

現在，讓我來說一則關於「選擇」與「承擔」的故事給你聽，也許你會更明白在兩難的困境中，如何照顧自己的需求，同時又給予他人關懷，而選擇過後又該如何承擔責任。

第 4 章

珍珠王子

「觀點」的故事

日子肯定會難熬，但是，總會過下去。

很高興你為自己而活⋯⋯

過去的痛苦，都將成為閃亮的珍珠。

活著的每一刻，無比美好。

從前，有一個王國靠海為生，終年被嫵媚的歌聲圍繞著。

百姓們說那是海妖的聲音。

海妖的歌聲很動人，能讓嬰兒停止哭泣，讓人感覺溫暖，也讓海裡的魚忘記游泳。如果用心聆聽，海妖溫暖的聲音還能讓人忘記憂愁、忘記時間、忘記親人。

海妖的歌聲從深深的海底穿透湛藍的大海，傳呀傳，一路傳到陸地，傳進百姓的耳朵裡，傳進王宮中大臣的腦海裡，讓所有人都瘋狂的愛上她。

為了聆聽海妖美妙的歌聲，漁夫放棄打漁，士兵放棄打仗，大臣放棄輔佐國王。他們什麼事都不想，只想靜靜的坐著，永遠的沉浸在海妖的歌聲中，彷彿那是人生最美妙的享受。

直至黎明，海妖的歌聲消失，他們才會恢復正常。

下一次夕陽西下，海妖的歌聲再度降臨，人們再度陷入瘋狂。

所有人都對海妖的聲音痴迷，只有一個人例外，那就是王宮裡的智者。

「海妖，讓人意志沉淪的魔鬼。」智者憂心忡忡。

智者是個聾子，根本聽不到，所以從來不曾被迷惑。

智者這麼一說，百姓們開始害怕起海妖的歌聲了，深怕自己一不小心被歌聲迷惑，最後落得迷失方向、迷失了自己。

雖然百姓們拒絕再聽海妖的歌聲，但是海妖的聲音還是夜夜從海上傳遞過來，越過大海，傳進百姓的耳朵裡，迴盪在大臣的腦海裡，最後傳進國王和王后的耳朵裡，當然，也傳進了七王子——卡特爾的耳朵裡。

卡特爾是王國裡排行最小的王子，他的上頭有三個哥哥與三個姊姊。從小，七王子受到許多人疼愛，他是在父王和母后的愛裡長大的，所以內心也充滿了愛。

卡特爾不僅孝順父王和母后，對待哥哥姊姊也體貼禮讓，對百姓更關心有加，只要有人需要他，他總是會付出他的一切幫助每一個人。

「卡特爾王子，冬天來了，海邊的魚場凍壞了好多魚，我的腳也被凍傷了，你能幫幫我嗎？」養殖海魚的漁老頭問七王子。

「可以的，沒問題。」七王子捲起褲管，立刻下池子裡幫忙撈魚。

卡特爾就是這樣一個熱心助人的好王子。

幫忙漁老頭的時候，王子專注的撈著死魚，汗珠不停的從臉上滑落，直至傍晚，海妖的歌聲乘著微風，在王子的身邊悠悠打轉。

你的仁慈，為你帶來了忙碌，也帶來了活力。你真是個仁慈的好人，但是……

海妖的聲音輕輕柔柔，在王子的身邊圍繞，嚇得漁老頭直發抖，但是王子渾然不覺。

漁老頭提醒：「王子，你要小心，千萬別被……迷惑了。」

王子抬頭發現漁老頭望向大海，眼神充滿了迷戀，他被海妖的歌聲迷惑了。

王子不解的問：「你剛剛說什麼？」

卡特爾王子見漁老頭不理他，搖搖頭逕自低頭繼續工作。

卡特爾一心一意幫助漁老頭，什麼也沒聽見，海妖的聲音魅惑不了王子的心。

七王子就像是百姓的福星，受到許多人愛戴。

王宮中掌管海上星象的天象官遇到困難，也來向王子求救。

「卡特爾王子，今年天上星象有古怪，王宮恐怕要發生大事，但是我查了所有星象資料，查不到解決的辦法，再這樣下去，我的官位丟了不要緊，國家發生災難可怎麼辦呀？」

「不用擔心，我跟你一起找。」卡特爾捲起袖子，一頭栽進雜亂的書庫裡，幫著天象官尋找資料。

翻看星宿資料時，王子眉頭深鎖，一面憂心國家的安危，一面擔憂百姓。心繫國家大事的卡特爾，比天象官更專心翻閱資料，渾然不知海妖的歌聲再度翩然而至，鑽進書庫，唱出優美的聲音。

你的仁慈帶來百姓的擁戴，也帶來更多的請託。但是你卻逐漸失去自己，是因為仁慈……

天象官聽見歌聲，來不及出聲提醒王子，自己的魂魄就被海妖的歌聲給吸引住，為海妖而瘋狂。

每個人都聽見海妖的歌聲，唯獨七王子聽不見，因為卡特爾王子一心一意為別人奔忙，面對撩人的歌聲，卡特爾只感覺耳朵很癢，卻什麼也聽不見。

卡特爾的心，永遠裝著別人，溫暖而閃耀。

王國裡的每個人都喜愛七王子，因為卡特爾是他們溫暖的太陽，他們深信，只要有需要，卡特爾甚至會為他們奉獻自己的生命，而他們只要回給卡特爾一抹感謝的笑容作報酬就可以了。

笑容，讓卡特爾覺得自己有價值。

卡特爾真是仁慈又善良的人，他的善良讓人們覺得，如果不從卡特爾身上拿點什麼，就太對不起他的善良了。

於是，每一個前來請託卡特爾幫忙的人，都會取走卡特爾一樣寶貴的東西。最先取走卡特爾身上東西的，是雙腳被凍傷的漁老頭。

那天，卡特爾把腳上健康的皮膚給了漁老頭。

漁老頭過意不去的說：「你的腳受了傷，以後你就不能幫我工作，那可怎麼辦才好？」

卡特爾雖然覺得漁老頭的話似乎哪裡怪怪的，但是面對老人的關心，他仍然感覺到窩心。

卡特爾看看自己那已經沒有皮膚的腳，又看看四周，到處都是從魚身上刮下來的魚鱗，他想到辦法了。

卡特爾捧起一把魚鱗，覆蓋在自己受傷的腳上。

卡特爾露出溫暖的笑容說：「現在我有皮膚了，以後一樣能下魚池繼續幫你工作。」

漁老頭稱讚卡特爾：「你真是太有智慧了。」

卡特爾感覺自己有價值。

第二個取走卡特爾寶貴東西的，是觀測星宿的天象官。天象官擔憂自己眼睛昏花，以後不能找資料了怎麼辦。卡特爾把一顆閃亮的眼睛給了他。

天象官很高興擁有這麼棒的眼睛，但面對卡特爾，他有些過意不去。他擔憂的說：「少了一顆眼睛，以後就不能再請你幫我找資料了，怎麼辦？」

卡特爾雖然覺得天象官的話似乎哪裡怪怪的，但是面對天象官的擔憂，他仍然感覺窩心。

卡特爾露出溫暖的笑容，拾起地上一片大魚的鱗片，覆蓋在眼睛上。

卡特爾說：「現在我有眼睛了。」

天象官豎起大拇指說：「你真是太有智慧了，但是也很瘋狂。」

天象官稱讚卡特爾。卡特爾感覺自己有價值。

海妖的歌聲，夜夜在海上繚繞，卡特爾的溫暖，也日日在王國裡散播。

海妖與卡特爾，就像北風和太陽，彼此籠罩著王國，也彼此較勁。

卡特爾的溫暖與善良為他贏得民心，也為他贏得意外的稱呼——那個瘋子。

百姓叫喚卡特爾的方式，從「尊貴的七王子」，到「親切的卡特爾」，最後到「那個瘋子」。卡特爾徹底失去了他的名字。

王國裡，百姓叫他「那個瘋子」的聲音，此起彼落。

卡特爾覺得好像哪裡怪怪的，但是能被百姓感謝著，他依然感覺有價值。

一天，瘋狂的卡特爾答應了品酒師的要求，拔下嘴巴裡的舌頭，給了終日喝酒把舌頭都喝壞的品酒師。

品酒師得到新的舌頭，打了一個酒嗝，滿意極了。

品酒師瞇著眼，看著眼前的瘋子卡特爾，譏諷的說：「我聽說，你給了東西以後都會補上鱗片，瞧，我已經幫你準備好了。」

品酒師拿出一條海蛇的蛇鱗。

卡特爾拒絕不了別人的好意，因此在自己的嘴裡安裝上長長的一條蛇鱗。

品酒師看到卡特爾嘴裡裝著蛇鱗，讓他不停大笑，無法停止。他對於卡特爾居然這麼聽話感到太不可思議了。原來坊間流傳「七王子很瘋狂」是真的！

「你真是個瘋子。」品酒師仰頭一口把酒喝乾了，揮揮手就跟卡特爾說再見。

卡特爾愣愣的看著品酒師的背影。

卡特爾像個沙雕，動彈不了。他沒有收到品酒師該給他的報償。不是應該要有「感謝的神情」、「感動的心意」、「關心的話語」？

品酒師卻一個都沒給他。

卡特爾堅硬的心，慢慢停止跳動。

一切都靜止了。

已經走遠的品酒師，這時突然想起什麼事似的，回頭看了卡特爾一眼。

卡特爾欣喜，他的心臟又恢復跳動了。他帶著仁慈的笑容，看著品酒師的臉。

品酒師看著卡特爾醜陋的臉，配上長長的蛇鱗舌頭，咧著嘴，大聲道：「太好笑了，瘋子，真的是個瘋子！」

品酒師瘋狂大笑。

品酒師這次真的走了。

卡特爾停止呼吸，心一陣劇痛之後，開始崩壞。

海風徐徐吹向卡特爾，吹垮了卡特爾一向驕傲的溫暖與善良。

他嘴巴乾澀，一個人走到海邊，迎著風坐下。他用蛇鱗的舌頭咂咂嘴巴，眼角微微滲透出淚珠。

你的仁慈，帶來驕傲，也帶來災難。他們把仁慈，踩在腳底下，你該撿起你的仁慈，還是捨棄那張仁慈的臉？

傍晚的太陽，輕觸海面，海妖的歌聲出現在遙遠的海上。歌聲穿越大海，輕輕敲進卡特爾已經崩毀的心。

卡特爾第一次聽見海妖的聲音。海妖的歌聲，像母親，溫柔的將他攬進懷裡，輕輕的安慰著他。

你把你的愛，給了百姓；把靈魂，給了善良；把幸福，給了所有人。你愛所有人，唯獨不愛你自己。

海妖的歌聲，讓卡特爾深深著迷。歌聲裡唱出卡特爾的委屈。

只剩一顆眼睛的卡特爾，流著淚。

海妖的歌聲療癒了卡特爾，像個溫柔的愛人，撫慰著疲憊的心靈。

優美的歌聲在海浪裡翻湧，奪走卡特爾的心智，直到海妖結束歌唱，卡特爾仍然沒有從歌聲的餘音中回神。

直到有個海女穿著潛水衣，背著竹簍，從海裡走上岸，走到卡特爾面前。

「尊敬的王子，親愛的卡特爾，偉大的太陽，你怎麼坐在這裡？」海女問。

卡特爾抬頭看著眼前的人。

是海女。

卡特爾露出疲憊但溫暖的笑容。

海女，是卡特爾的救命恩人。

住在四面環海的這個王國裡，每個人都靠海吃飯，每個人都需要學會與海共生存，但是卡特爾卻無比的害怕大海，因為年幼的卡特爾曾經在海裡溺水，當時是海女救了他。

海女拍拍他，溫柔的說：「天黑了，該回家了。」

「呱哇，呱。」失去舌頭的卡特爾，聲音就像青蛙一樣。

卡特爾驚訝自己的聲音，愕然的看著海女。

海女卻像什麼事都沒發生似的，自然的回應他：「那好吧，等你休息夠了，就回去吧。」

「呱啦啦哇哈？」卡特爾感激的看著海女。

「聽得懂，你說的我都聽得懂。」

海女揮揮手，背著竹簍，走了。

海女堅強又獨立，她總是天一亮就潛入海裡，捕撈珍貴的海產，太陽下山就離開大海。海女是唯一一個，不曾對卡特爾提出任何要求的人。

卡特爾曾經為此失落，但如今，他感謝海女的體貼。

自從聽到海妖的歌聲那天起，卡特爾就經常發呆。時間一到，卡特爾會刻意停下手上的工作，坐在令他恐懼的海邊，等待海妖的歌聲，期待撩人心弦的聲音出現。

七王子愛上了海妖迷人的歌聲，這個消息讓王宮的父王和母后震驚，更讓全國百姓譏諷大笑說：「也不看看自己長成什麼模樣，怎麼好意思迷戀海妖？」

「七王子真的是一個徹底的瘋子。」百姓們紛紛做出這樣的結論。

王國裡，陷入了奇怪的氛圍中，因為他們的王子被海妖的歌聲迷住，他們有些不捨，也有些鄙夷。

漁老頭不忍心，去勸說卡特爾：「你應該要為你的父王和母后而活，快回宮裡去吧。」

天象官看不下去，過來勸他說：「別讓原本愛你的臣民失望呀，快回到他們身邊吧。」

品酒師更看不下去，直接大罵：「一個瘋子，為了另一個瘋子做白日夢，簡直痴心妄想，也不看看自己的樣子。」

卡特爾聽到這些話，默默的接受了，偶爾難過想說點什麼的時候，也只能像個青蛙「呱呱」的亂叫，沒人聽懂他在說什麼。

海妖的歌聲，夜夜伴著王子。

仁慈的人，心裡裝得下大海，裝得下王國，裝得下所有人，但是仁慈的人呀，對別人仁慈，卻對自己殘忍，仁慈的你，什麼時候才學會對自己仁慈？

卡特爾的心，就像被撥弄的琴弦，被海妖的歌聲撩撥著。

看到卡特爾被海妖的歌聲迷住，三個姊姊也看不下去，紛紛來到卡特爾面前。

大姊說：「在你還沒完全被海妖迷惑之前，把你的頭髮給我吧，讓我成為全國最美麗的女人。」

二姊說：「在你還有一點理智之前，把你的頭腦給我吧，讓我成為全國最聰明的人。」

三姊說：「雖然你明亮的眼睛只剩一顆了，但是我願意收下，讓我用你明亮的眼睛繼續看這個世界吧。」

三個姊姊不想卡特爾繼續痴迷下去，紛紛提出最無理的要求，以為這樣卡特爾就能從海妖的歌聲中清醒過來，但是卡特爾只遲疑了一小會兒，就摘下三個姊姊想要的重要之物，交給他們。

三個姊姊又驚又喜。「沒想到你對我們這麼好，你果然是個瘋子。」

卡特爾的全身都被鱗片包裹著，他能給出的東西已經不多了。

聽著海妖的歌聲，看著前來勸說的人們，那些開口勸誡的人們心裡想的都是自己，不是卡特爾。

只有海妖，真正關心他。

七王子艱難的站起來，身上的鱗片隨之抖動。

卡特爾緩慢脫去身上王子的華服，解開脖子上高貴王子的領結，鬆開袖子尊貴的袖釦，光著身子，迎向大海。

在陽光照射下，卡特爾身上的鱗片，反射出耀眼的光芒。

抖了抖身上的鱗片，面對可怕的海洋，卡特爾決定要去一探究竟。

噗通一聲，卡特爾跳進海裡。

卡特爾奮力划著自己的手臂，岸上傳來百姓的尖叫：「那個瘋子，跳下去了，要死了！」

他拚命的朝大海的那道海妖歌聲游去。

那是卡特爾第一次為自己想要的東西而努力。

卡特爾全身的鱗片發出閃閃金光，就像條金魚一樣閃耀。

海妖的歌聲，指引著卡特爾前進的方向。

卡特爾努力的游著，他能感覺海妖就在不遠的地方，但是海妖的聲音總是藏進一波又一波的幽微中。

卡特爾像條魚，但畢竟不是魚，他呼吸不到空氣，最後只得浮上海面。

他爬上岸，悲涼的坐在石頭上大吼。吼聲仍舊是可笑的蛙鳴。

看見卡特爾這麼狼狽，百姓們都訕笑著。卡特爾希望有人能幫助他，但是百姓們卻一直笑，不停的笑。根本不曾有人真正關心卡特爾。

一個孩子看到卡特爾全身長滿可怕的魚鱗，一開口卻是青蛙的叫聲，嚇得對卡特爾扔石頭。

「妖怪，離開我們國家。」

卡特爾慌張的跳入海裡。他決定再一次向著海妖的歌聲游去。

海妖的歌聲依舊溫柔，療癒著卡特爾慌張的心靈。只是再怎麼努力，卡特爾都無法靠近神祕的海底。

卡特爾再度狼狽的上岸。

海妖與陸地上的妖怪畢竟不屬於同一個世界。卡特爾苦笑。他決定放棄了。

但那一晚，卡特爾整夜無眠。

夜裡，狂風驟雨降臨，海上風雨交加。狂風吹掀床簾的一角，床簾順著風勢再落下時，卡特爾看見一個蒙著面紗的女孩站在他的床邊。

女孩擁有白皙的皮膚，星子般閃亮的大眼睛，對著他眨呀眨的。

卡特爾鎮定的看著女孩。

女孩輕吐幽蘭之氣說：「我知道你在想什麼。」

「我在想什麼？」

「我知道你很恐懼大海。」女孩說。

「然後呢？」

「但是你今天跳進海裡了。」女孩說。

「我鼓起勇氣，但是想要去的地方太困難了。」卡特爾哀嘆。
「你想去哪裡呢？」
女孩身上的味道很像海，讓卡特爾感覺親切。
「我想去……不，我不想去了，我已經決定放棄了。」
「要去一個未知的地方，需要很大的勇氣，尤其是你要去的地方，不是人族之地。」女孩說。
「你知道我想去找海妖？」
「全國都知道你想去哪裡，只不過沒有人知道唱歌的那個不是海妖，她是珍珠王國裡的公主，她的名字叫阿蓮。」女孩笑了。
「阿蓮、阿蓮，這個名字真好聽，你願意帶我去找她嗎？不管你想要什麼我都願意給你。」卡特爾激動。
女孩盯著王子上下看了一會兒。
「你重要的一切都送給了別人，只剩下耳朵和心臟，你捨得給我？」女孩說。
卡特爾為難了。
女孩噗哧笑了。
「你幫助的人夠多了，現在輪到別人來幫助你了。」

女孩緩緩訴說著人族要潛進海底確實困難，雖然卡特爾身上都是鱗片，但畢竟不是魚，所以女孩說卡特爾得改變型態才能進入深海，畢竟人在海裡無法呼吸。

卡特爾越聽越激動，女孩真的有辦法能讓他找到海妖，噢，不是海妖，是珍珠公主。

「不管要我變成豬還是山羊，我都願意。」卡特爾堅決的說。

女孩讚許的笑著說：「這裡有一瓶藍色的藥水，是變成蚌殼的藥水，只要你喝下去就會變成蚌殼，就能順利沉到海底找珍珠公主了。」

卡特爾說：「我會永遠記住你的慈悲。」

女孩搖頭。「我的慈悲，不全是為了你，也為了我自己。」

卡特爾聽不懂女孩說的話。

女孩繼續道：「這個藥水一旦喝下去，你就再也變不回人了，這意味著你得放棄王子的身分，萬一失敗了，你也回不來陸地了。這是很大的冒險，要承擔的後果很多，你要想清楚。」

卡特爾遲疑了，他不怕後果，他擔心的是家人，他還沒有做好萬全的準備，他的哥哥姊姊，他的父王和母后，他都還沒告別。

女孩安撫卡特爾王子說：「別急，這裡畢竟是夢，等夢醒了，你還有時間去做準備。」

卡特爾笑了。「你肯定是仙女吧，連我心裡想什麼都知道。」

女孩靦腆的笑了。「在夢裡，什麼事都有可能發生，也許，很快的我們就會再相遇。」

王子點著頭，感謝女孩的幫助。

女孩說：「記住，喝了藥水，就不能離開你的蚌殼，會死的。」

卡特爾溫柔的說：「記住了。」

卡特爾緩緩閉上眼睛，腦海裡迴盪著女孩的聲音，溫暖而體貼。

等他再度睜開眼睛時，眼前一片漆黑，什麼也看不到。他嘆了一口氣，知道自己從夢中出來了，手一緊，發現手上握著一瓶藥水。

卡特爾的心噗通亂跳，這個夢是真的？

他就要去見日夜唱歌給他聽的珍珠公主了。

卡特爾去向母后請安。

王后冷冷的看著卡特爾。

卡特爾向母后說明來意，把昨天夢裡出現的女孩以及藍色藥水的事告訴母親，最後他跟母后告別。

但是卡特爾說的話，都是青蛙的「咕呱」叫聲。

「我聽不懂你說什麼！」王后不耐煩。

卡特爾執起筆，寫下想說的話。

王后看完，突然大笑著說：「母后以為你很聰明，以為你能抵擋住誘惑，我以為你會發現給你藥水的人，是我。」

卡特爾不敢相信的看著母親。

王后悻悻然說：「昨天經過你房間的窗前，聽見你在說夢話，我刻意在你耳邊說出藍色藥水的事，沒想到你這麼輕易就相信了。大家都說你很瘋狂，我卻覺得你是太傻了。」

卡特爾王子不敢相信他的美夢只做了一天。

王后狠厲的對他說：「你要是很想死，就喝下那瓶藍色藥水吧，那裡頭裝的是毒藥！」

卡特爾跌跌撞撞走出母后的寢宮，原本他還要去向父王告別，現在他只覺得一切都太可笑了。

卡特爾不知道王后在他走出寢宮時，氣得把手裡的手帕都扯破了。

王后忿忿的說：「卡特爾是我的，我永遠的孩子，誰都不能把他搶走。」

王后下令，命人去搜尋整個王宮，一定要把昨天出現在卡特爾房裡的女孩給搜出來。

不知道真相的卡特爾悲傷的走著。

在王宮的側門旁，卡特爾遇見他的三個哥哥。

大哥說：「七弟，看看你一身狼狽，尊貴的王子卻這樣糟蹋自己，你實在配不上你的禮服。」

二哥說：「七弟，看看你滿布魚鱗的手臂，你不配握有王子權杖。」

三哥說：「七弟，看看你的腦袋裡都裝了什麼，這麼多人為你好，你卻置之不理，實在不配王子的頭冠。」

三個哥哥一起刷刷的伸出手，拿走了卡特爾身上的王子禮服、權杖、王冠。

卡特爾像極了一尾活在陸地上的魚，全身上下都是殘破的鱗片。

卡特爾把所有貴重的東西都給了別人，只剩一隻耳朵和一顆心臟陪著他。

卡特爾沿著城牆的邊界往外走，他不知道自己該去哪兒。

跟著海風，不知不覺他又來到海邊。

他難過的望向無垠的海洋，早已失去眼睛的卡特爾什麼也看不到。

卡特爾握著藍色的藥水，一想到這個藥水竟然是母親給他的，他的心就無比的沉痛。

他孤單的蜷縮在一處岩石下。夕陽漸漸落到海面，一個女子從海底浮游上岸，背後還背著從深海裡採摘的海藻。

經過卡特爾身邊時，女子特別停下來看著卡特爾。

卡特爾感覺有人，側著耳朵問：「咕呱？」

「善良的卡特爾，為了幫助別人而犧牲自己的卡特爾，你怎麼會在這裡？」是海女的聲音。

卡特爾苦笑：「咕呱呱，啦嘰哇……」

「你說，你不再是從前那個卡特爾了，你已經失去所有的東西，人們把你當成了妖怪？」海女問。

卡特爾一陣呱呱亂叫，海女竟然聽得懂他的聲音，叫他如何不訝異。

「我聽得懂你說的話，但是你得說大聲一點。」海女幽怨說著：「在深海裡工作的我，耳朵早已磨損，我好想回到過去，離開水面，就能聽見鳥叫、蟲鳴，現在我連你的聲音都快要聽不清楚了。」

卡特爾同情海女的遭遇。

海女嘆氣說：「你的遭遇雖然令人難過，但至少還有耳朵，還有一顆心臟。」

卡特爾點點頭。

海女眼淚婆娑。「海裡的水壓太大，長年下海工作，我的心臟破損嚴重，我活不久了。」

卡特爾真心為海女哀傷。

海女痛苦的看著卡特爾。「親愛的卡特爾，我知道我不應該要求你，但是，如果你能念在我曾救過你的份上，割捨你的耳朵或心臟，我會非常感激你。」

卡特爾愣住了。

這是海女第一次對他發出請求，而這也是第一次卡特爾不知道該如何是好。

海女再度悲傷的說：「我知道我的要求很過份，要不是我的家裡有生病的奶奶和臥床的媽媽要照顧，我絕對不會對你開口，真的是……想不出辦法。」

卡特爾左右為難了。

海女悲傷的哭著，把頭深深埋進自己的手掌心裡。

仁慈的人，永遠無法拒絕善良的人。

卡特爾深吸一口氣，最後無奈的嘆息。他後悔自己將重要的東西輕易的給了百姓，卻對真正需要幫助的海女有了遲疑。

他想起那些曾經哀求過他的百姓們，漁場的老頭、觀星的天象官，醉醺醺的品酒師……

原來，貪婪索求的人們，才是真正的海妖！

海女握著卡特爾的手，聲聲請求著卡特爾。

卡特爾感覺海女的手異常的嫩滑，掌心處有一顆凸起的肉疣。

卡特爾看不見那是什麼，但是卡特爾知道，海女是個苦命的女子，一生操勞，為了養活家人，努力工作。

卡特爾拒絕不了別人的要求，更何況是救過他性命的海女。

就在卡特爾決定割下自己的耳朵給海女時，傍晚降臨，一道優美的歌聲穿透大海，卡特爾又聽見療癒的歌聲。

歌聲阻止了卡特爾的決定。

真正善良的人，不會為難仁慈的人，你已經所剩無幾，你該為自己著想。出發吧，穿越海洋，來我的身邊……

卡特爾突然清醒，不自覺鬆開緊握海女的手。

「我真的需要你的幫助，能給我心臟和耳朵嗎？」海女哀求。

卡特爾給了海女一個深深的擁抱。

「我知道你很辛苦，努力的過日子，一直為我著想，從來不曾要求我，還救過我的命，我應該要報答你。親愛的海女，擁抱，是我僅能給出的東西了。耳朵和心臟對我很重要，我無法失去他們，只能跟你說抱歉，但是我會一直將你放在心裡，深深感謝著你。」

卡特爾的千言萬語，化成青蛙聲，聲聲傳遞給海女。

海女儘管悲傷，卻鬆了一口氣，拍了拍卡特爾的背，輕聲安撫：「日子肯定會難熬，但是，總會過下去。很高興你為自己而活，謝謝你拒絕我。」

海女告別了卡特爾。

聽著海女離去的腳步聲，卡特爾的內心卻漸漸疼痛起來。

海女急需他的幫助，卡特爾拒絕了她，海女不但不生氣，反而還謝謝他！

海女的感謝，成了卡特爾心中最沉重的負荷。

卡特爾自責極了。

卡特爾想起過去曾經幫助過的人，他們一句敷衍的謝謝，曾是卡特爾的價值來源，對比海女沒有收到想要的幫助，卻依然向他說出真誠的感謝，這一聲謝謝，壓垮了卡特爾的理智。

懊惱又痛苦，卡特爾抓著自己的腦袋，生存價值完全崩毀。

卡特爾對著海面，一聲長嘯。

海上珍珠公主的歌聲，再也療癒不了卡特爾的內心。

卡特爾決定結束這一切痛苦。

拿起手上的藥水，卡特爾一仰而盡。

卡特爾自盡了。

但卡特爾不知道，他手上的藍色藥水，不是毒藥，而是真正的魔法藥水。

沒多久，藥水生效了。

卡特爾神情痛苦，身體不斷縮小。

卡特爾變成一只七彩繽紛的珍貴蚌殼。

「咚！」

七彩蚌殼落入浪濤，沉入深深的海底。落到海底之後，蚌殼王國的士兵看到了七彩蚌殼。

卡特爾的蚌殼顏色非常耀眼奪目，這麼美麗的蚌殼光芒萬丈，讓士兵的眼睛幾

乎睜不開。

蚌殼王國的國王正在收集世界上最美麗的蚌殼，國王要是看到這個蚌殼肯定很開心，說不定會賞賜許多珠寶。

一想到豐厚的賞賜，士兵就興奮的用魚勾將七彩蚌殼勾在身後，緩慢的拖行。士兵進宮貢獻七彩蚌殼，國王果然對七彩蚌殼愛不釋手。

「美呀，真美呀，沒見過這麼美的蚌殼。」國王走下王座，繞著七彩蚌殼打轉。他很想趕走裡面的身軀，霸占美麗的蚌殼，但是，貿然殺死裡面的人，只會讓貝殼變黑，他可沒傻到被興奮沖昏頭。

國王仔細觀察蚌殼，它的紋路還非常年輕，應該是一個非常青春的蚌殼。國王喃喃，這麼美麗的貝殼，卻得等到裡面的蚌肉自己老死，他才能真正得到它，一想到這裡，國王就著急了。

如果蚌殼裡的蚌肉可以「主動」讓出外殼的話，那該有多好呀！

國王用權杖敲敲卡特爾的貝殼，厲聲說道：「我是蚌殼王國的國王，你的蚌殼很漂亮，王國需要更多美麗的貝殼加入，這樣才能孵育出世界上最漂亮的珍珠。所以我將圈養你，直到你老死。但是，如果你願意主動將漂亮的貝殼讓出來，我會照顧你的家人，幫你完成遺願。」

卡特爾打開厚重的殼說：「不，我是陸地的王子，你不能監禁我，我有重要的事情還沒完成……」

變成蚌殼的卡特爾，居然又能開口說話了，卡特爾很驚喜。

海潮的浪波裡，珍珠公主柔美的歌聲又響起。

來吧，搖擺起你的身姿。來吧，隨著你的想望。來吧，勇敢挑戰你的未知。

卡特爾專心聽著珍珠公主的聲音。

國王看到卡特爾痴迷的神情，笑了。

「原來又是一個為我女兒歌聲瘋狂的傢伙。你別痴心妄想了，我自己都沒見過女兒，你這輩子也不可能見到她。」

珍珠公主生性害羞，出生後就躲在自己的蚌殼裡，過著自己的獨居生活，國王只能藉由女兒的歌聲來揣測女兒的心情。

「那是你女兒？」卡特爾吃驚。

國王說：「沒錯，那就是我女兒，我的珍珠公主在唱歌，怎麼樣？」

卡特爾欣喜若狂。

「能讓我見她嗎？」

國王不懷好意的笑。「你用什麼來跟我交換？」

卡特爾沉默了。

「你用蚌殼來交換，我就完成你的願望。」國王壓低嗓音。

卡特爾沉思。

聽著珍珠公主令人魂牽夢縈的美妙歌聲，卡特爾有了決定。

不管怎麼選，卡特爾都是死，只是時間早晚而已。

「好，我用貝殼跟你交換。」卡特爾說。

國王掩不住心中的興奮問：「你沒有貝殼保護，會立刻死掉，真的可以嗎？」

卡特爾微笑著說：「每天傍晚，我都會坐在海邊，等待公主的歌聲穿透大海。每一次聽著她銀鈴般的聲音，我都感覺無比的幸福。能見她一面，我死而無憾了。」

國王激動的站起來。

「既然這樣，我立刻命人帶公主過來。但是，阿蓮生性害羞，她從不曾在任何人面前打開她的貝殼，所以除非她自己主動打開，誰也不能強迫她。我可以把阿蓮帶來，但能不能見到阿蓮，就全憑你的運氣了。」

卡特爾點點頭：「好。」

「等我把阿蓮帶來，你就得離開你的蚌殼，明白嗎？」

卡特爾輕輕的點著頭。

國王命人趕緊把珍珠公主帶到卡特爾的面前。

那是一個擁有溫暖陽光顏色的蚌殼，貝殼上點綴著星星一樣的沙粒，隨著海水起伏而舞動著。

卡特爾為阿蓮的蚌殼深深著迷。他緩慢的走出自己的貝殼。

一離開蚌殼的防護，卡特爾就痛得無法呼吸。每往前走一小步，幾乎要昏厥了。他咬緊牙關，凝視著阿蓮太陽般的貝殼。

海水輕輕晃動，阿蓮的蚌殼彷彿也微微朝他輕啟。

為了見阿蓮一面，在別人眼裡，卡特爾顯得那麼傻，一個高貴的王子居然為了海妖放棄王子身分，放棄安逸的王宮，更放棄繼承王位的機會，在別人眼裡一切都不可思議。

他們要是看見卡特爾現在為了見珍珠公主，連自己的命都不顧，肯定會笑他不只瘋，還很笨。

雖然不可思議，但卡特爾越靠近公主，他的心就越安定，彷彿流浪多年的浪子終於要回家了。

卡特爾從來沒有過這樣的感覺，他知道這一輩子，至少做對了一件事。

卡特爾的步伐艱難，卻越走越安心，他終於知道自己要什麼了。

一步一步靠近珍珠公主緊閉的貝殼，卡特爾感覺胸口有一道力氣正在撕裂他的身體，感覺越來越劇痛。

他覺得自己快要死去了。

他對著耀眼的公主貝殼，溫柔的說：「親愛的公主，我是來自陸地的王子，但是今天過後，我將什麼也不是了。我曾經擁有很多東西，但人們也從我身上帶走我曾經擁有的。我想告訴你，在我最痛苦的時候，是你的歌聲療癒了我，如今我快要死去了，我願意為你獻上我的生命。生命的最後，我想卑微的請求你，能夠為我再唱一首歌嗎？」

卡特爾忍受著劇烈疼痛的侵蝕，看著一動也不動的貝殼，期盼奇蹟降臨。

卡特爾的眼睛酸澀，心臟的負荷已經讓他的眼睛充滿了血絲，但是阿蓮的貝殼仍舊緊緊的閉著。

卡特爾全身顫抖，臉色刷白。他摸著自己的胸口，感覺心臟漸漸停止跳動。他微笑的看向阿蓮，雖然沒見到公主有些遺憾，但是他感覺自己真正活過了。

他緩緩闔上眼睛，邁向死亡。

這時，一道溫暖的歌聲，從公主的貝殼中輕輕柔柔傳來。

仁慈的王子，親愛的卡特爾，透過死亡，你真正活過了。我心疼你，但也為你驕傲，你是那樣的獨特，那樣的不凡……

聽著悠揚的歌聲，卡特爾身體的痛楚減緩了。

珍珠公主的外殼輕輕搖晃。就在一切都如幻影的晃動中，蚌殼緩緩打開。透過縫隙，公主一眼就看見痛苦不堪的卡特爾躺在地上，臉色慘白。

卡特爾臉上掛著一抹溫柔的笑容，沒有一絲怨恨，目光篤定的看著公主。

公主完全打開了自己的蚌殼，邁開步伐朝卡特爾走去。

珍珠國王看著阿蓮驚呆了，這是他第一次看見女兒的真實樣貌，原來女兒長得如此秀氣柔美。

珍珠國王看著阿蓮走向陸地王子，突然大叫：「阿蓮你幹什麼？快回去，你會死呀！」

沒理會國王，公主緩緩走向卡特爾，感受著四分五裂的疼痛在身體裡翻湧。

親愛的卡特爾，你的仁慈，你的善良，帶來了傷害。這些痛苦，將成為生命最璀璨的珍珠。

「來人啊，把公主的蚌殼搬去給公主，快、快！」國王崩潰大喊。珍珠王國的國王額頭冒汗，全身緊繃，萬一他女兒有個什麼意外，他肯定會把那個陸地王子剁成爛泥，不，他第一個就不會原諒他自己。

公主蹲在卡特爾身邊，輕輕的呢喃著：「謝謝你這麼努力的來到我身邊，我是阿蓮。」

公主從胸口上的心臟處取下一顆珍貴的珍珠，臉色瞬間刷白。她深吸一口氣，強壓痛楚，暗自鎮定。

她高舉著一顆潔白光滑的珍珠，萬丈的光芒包覆卡特爾。

在光潔的珍珠照耀下，卡特爾全身充滿了聖光，滋養著卡特爾的生命。

卡特爾緩緩張開緊閉的雙眼，他終於看清楚珍珠公主那清秀如珍珠般光滑的臉。

公主聖潔的臉映入卡特爾的眼簾，與一張極為熟悉的臉重疊在一起。卡特爾不敢相信自己的眼睛。

「你……」

海女？這怎麼可能呢？

卡特爾費勁揉了揉自己的眼睛，但是越揉，公主的臉就越和海女的融為一體。

珍珠公主藉助珍珠上的魔力，輕輕托起卡特爾的身子，回到她陽光般的蚌殼裡。

瞬間，卡特爾感覺生命的能量再度湧入他的身體。

卡特爾撐起身子，迫不及待想看清公主的臉。他無法確認眼前的人究竟是公主還是海女。卡特爾突然想起什麼，拉起公主的手，在公主的掌心裡，也有一顆像海女一樣的肉疣。

卡特爾更驚訝了，他看著公主，不明白這是怎麼回事。

公主抿著嘴，輕輕說：「你終於為自己而活，謝謝你拒絕我。」

卡特爾眼珠裡的瞳孔急遽收縮，那是海女對他說過的話。

公主點點頭說：「我是海女，在你最困頓的時候，向你提出貪婪的索求。我也是海妖，夜夜為你唱歌，希望得到你的青睞。」

卡特爾發現公主手裡的肉疣正在發光，不可思議的盯著。

「你的肉疣……」卡特爾驚呼。

「那不是肉疣。」

公主緩緩的說著手上隆起的東西。

在珍珠王國裡，每一個蚌殼都是為了孵育比性命還珍貴的珍珠而活著。珍珠的形成，源自於情緒的起伏，越痛苦的情緒，會讓蚌殼產生保護機制，生出無窮無盡的薄膜去包覆痛苦，那就是珍珠形成的起源。

珍珠會出現在身上的各個地方，哪裡痛苦，哪裡就會隆起。

「這就是為什麼我的掌心裡，會有隆起的東西了。」公主說。

珍珠是有魔法的，珍珠公主就是用珍珠的魔法化為人形，到陸地上去接近王子。只是每使用珍珠魔法一次，生命耗損劇烈，身體虛弱，所以珍珠公主也無法經常使用。

「經歷過越多磨難的蚌殼，貝殼也會顯出越奪目的顏色，能孕育出更高能量的珍珠，這也是我父王想要你的貝殼的原因。」公主在王子耳畔解釋。

卡特爾不想聽這些，他只想知道公主為什麼要裝扮成海女？他問說：「扮成海女是為了測試我的仁慈？還是為了讓我知道自己有多殘忍？」

公主搖搖頭說：「沒有任何人有資格測試你的仁慈……我只想知道，你準備要為自己而活了嗎？我很感謝你拒絕了我，那份拒絕，帶給了我無限的希望。」

「希望？」卡特爾不解。

公主臉頰上沾染了霞紅，有些害羞的低下頭，喃喃說著：「我期待你能來我的身邊。」

卡特爾的眼裡生湧著感動的水氣，但仍不由自主的問：「為什麼？」

公主笑著說：「一個人在貝殼裡唱歌是孤單，兩個人一起唱歌會快樂些。」

公主清秀溫婉的臉，讓卡特爾的心扉感覺溫暖。

「拿藍色藥水給我的面紗女孩，也是你？」卡特爾非常意味深長的看著公主。

珍珠公主臉蛋微紅，緩緩點頭。

「你的仁慈，深深吸引著我，但是沒有人珍惜，這讓我忍不住想維護你。」

公主停頓了一會兒，又道：「卡特爾謝謝你，謝謝你的勇敢，才能讓懦弱的我與你相遇。那瓶藥水原本是我自己要喝的，是我向海底女巫索討來的，如果用在我身上，藥水會讓我成為陸地上的人，用在你身上的話則剛好相反。我以為自己很勇敢，但我鼓起勇氣要喝下藥水時，就不停發抖，一想到我可能因此失去我熟悉的家園，就害怕得無法承擔這一切。」

卡特爾看著美麗的公主，公主也溫柔的迎視他。

公主笑得柔美又溫暖。

卡特爾給了公主深深的微笑。「你讓我看見自己的勇敢，讓我有意識的活著，活成了真正的自己，謝謝你。」

公主有些過意不去。「但是我害你不能回到陸地上，不能成為過去的王子，你不怪我？」

卡特爾輕柔的說：「我已經成為自己的主人，這是我選擇的生活方式，我承擔得起後果。未來我深信，我會帶你一起回家！」

蚌殼裡的卡特爾感覺自己的手掌心慢慢隆起一個小肉疣。卡特爾成為珍珠王國裡真正的「珍珠王子」了。

過去的痛苦，都將成為閃亮的珍珠。

卡特爾深深感覺，只要真正為自己而活，活著的每一刻，都將無比美好。

親愛的三三：

在人的一生之中，不管有沒有刻意「選擇」，都得面臨事後的承擔。在〈珍珠王子〉的故事裡，卡特爾王子一開始都為別人而活，直到他的世界崩毀，他才學會為自己而活。他不畏懼失去一切的後果，也要去追尋他的目標，這是「刻意選擇」的結果，因此他得承擔的就是失去家人、失去身分、失去生命。在故事中，卡特爾對於這些承擔都非常坦然的接受，這就是真正的承擔。

反觀「阿蓮公主」卻是另一種性格的代表。她很想去冒險，卻被現實與恐懼給困住了，雖然最後她沒有做出冒險的選擇，但不做選擇也是一種選擇，因為不選擇之後也有該承擔的後果，那就是沒辦法抵達她喜愛的卡特爾身邊，只好終其一生鬱鬱寡歡的生活，對自己無法勇敢的個性而深深自責。

這些後果，只要能坦然的接受與面對，都叫承擔，**如果無法坦然面對或接受，**

可能就會引發許多情緒的湧現，例如：生氣、憤怒、悲傷、孤單、難過等等，這些情緒就是「冰山」裡「感受」會出現的層次。如果一輩子都學不會接受這些情緒，可能就會像迴轉壽司上的小火車被某個壽司盤卡住，將會影響後面所有壽司盤的傾斜。

我在年輕時也像鼓起勇氣追求夢想的卡特爾一樣，對未來有著無限的想像，當時我愛上寫作，為了學習更多寫作技巧，我很想從臺中遠赴花蓮，去旁聽一所大學裡開設的創作課。那門課長達半年，我屢屢想提起勇氣去追尋我的夢想，但是只要一想到我的父親，就瞬間喪失勇氣。

你的老爺，也就是我的父親，當時已經七十五歲了，我很擔心如果我和父親相處的時光只剩下短短幾年，我這一離去，不就錯過與父親相處的最後時光了嗎？只要一想到這件事，我就焦慮的無法做出決定。我怎麼能把父親一個人留在家裡？我應該要多與父親相處，珍惜彼此為數不多的時光才對呀，怎麼可以任性的去追求自己想要的夢想呢？

追求夢想，就得捨棄父親，這讓我感覺自己是不孝的。

但是最後，我仍然動身去追求我創作的夢想。

讓我下定決心勇敢去追夢的原因，是因為我明白不管我選擇什麼，都有我需要承擔的責任，而且不管身在何處，都不會改變我對父親的愛。

是的，無論我在哪裡，我一直深愛著我的父親，而我的父親也深愛著我，所以父親鼓勵我去追尋自己。這是一個冒險的選擇，選擇過後，我和父親都承擔起這個決定所帶來的後果，這就是「選擇與承擔」。

還好我的父親並沒有在我追求夢想時離開我，而是陪著我走了好久好久的人生之路。

然而不管陪了多久，我們每一個人的生命終究是有限的，終有一天我們都得走上死亡這條看起來禁忌、事實上卻再自然不過的道路。

三三，我記得五歲時，你向我聊及了愛與死亡。

你說，這個世界上愛讓人感覺美好，而死亡卻讓人感覺恐懼。

你問我，為什麼老天爺給了人們愛，卻又讓彼此相愛的人分離？這不是一件非常殘忍的事嗎？

你說，既然死亡終有一天會來，還不如不要學會愛，不然等到死亡那天到來，要和心愛的人告別，太令人傷心了。

三三，你說得太有道理了，既然總有一天要告別，我們為什麼還要花費力氣去愛人呢？

只是，這樣一來，人活在這個世界上，該有多孤獨呀！

愛，在「冰山」的層次裡屬於「渴望」的區塊。

薩提爾奶奶認為，愛，是非常重要的存在，孩子有了它，會感覺安全與溫暖；大人有了它，也會因此得到自信、價值，甚至成為更穩定的大人。因此在人的一生中，能不能得到一份真正的「愛」，對每一個人而言，都無比的重要，那幾乎是人賴以生存的根基。

愛，能讓人跨越生死的困境，因為愛是永恆的存在。

關於死亡與愛，我想起了「不死精靈」的傳說。

在精靈的國度裡，有一個不會死的精靈，而那個精靈正如你說的那樣，是個不知道「愛」是什麼的傢伙。

一個不會死亡的精靈，也沒有愛陪伴在他身邊的日子，他會過得比較好嗎？

這則「不死精靈」的故事，值得我們深思。

第 5 章

不死精靈
「渴望」的故事

我的愛會永遠圍繞著你，
當你想起我的時候，
我的愛就會藏在達達的石頭裡，不會消失。
是你，幫我完成了我自己。

從前從前，在森林深處有座精靈村。精靈村裡住著許多小精靈，面貌純真又可愛，森林裡，經常聽得到他們嬉鬧的聲音。

只有一個精靈例外。

這個精靈全身綠油油，模樣長得很古怪，整張臉又老又滑稽，連族人都不想靠近他。

古怪精靈沒有名字，沒有朋友，也沒有家人，因為他長得實在太滑稽了，因此大家叫他「丑老」。

丑老的存在，對精靈村來說是個詛咒，因為精靈村相傳：

一個沒有「愛」的精靈，得不到死亡的門票。

每年，精靈村裡都會誕生許多小精靈，也會有許多老精靈死去，死亡和誕生，就這麼輪替著，一切顯得那麼自然。

唯獨丑老例外。時間，在丑老身上發生了障礙。時間送來了丑老的誕生，卻送不走丑老的死亡。

精靈族人剛開始發現丑老死不了時，非常羨慕他，因為精靈的生命雖然很長，但畢竟沒辦法長生不死，要是能像丑老一樣永遠活著，那該有多好！

然而隨著時間越來越長，精靈們看見丑老雖然活著，卻活得很哀怨，因為沒有朋友和家人，他活得非常痛苦。看到他一副生不如死的樣子，精靈們就無比慶幸自己能在該死去的時候說再見，是多麼的幸運，至少，不像丑老那麼的狼狽。

於是，丑老活成了精靈村讓人害怕的模樣。

丑老不討喜的樣子，是一點一滴累積出來的。

從小，丑老就是個孤兒，沒有爸爸媽媽，也沒有家人，更沒有朋友。所以他總是一個人吃飯，一個人睡覺，一個人孤孤單單的守著房子。他的臉永遠垮著，嘴角永遠下垂，眼睛永遠無神。

因為他始終一個人，從來不知道愛是什麼，所以生命裡沒有活著的氣息，就像個活死人。

這樣的丑老，令族人害怕。每一次丑老出門，對精靈村而言都是災難，因為誰看見丑老，那天誰倒楣。

有一次，丑老的鄰居有喜事，一個可愛的小精靈誕生，碰巧遇到丑老要出門。

當時，鄰居抱著孩子正在接受大家的祝福，沒想到丑老經過時，卻搖頭嘆息的說：「可憐蟲，居然出生在這世界上，上輩子肯定做了什麼惡事。」

此話一出，引來精靈們的大恐慌，對一個剛出生的精靈說出這種話，簡直是詛咒。

「你才是可憐蟲，可惡的傢伙，活了幾百萬年還不死，妖怪！」鄰居氣壞了的回擊。

丑老立刻回以咆哮：「你們才是一群無知的傢伙，讓我揍醒你們。」已經五百多歲的丑老，當然打不贏年輕力壯的精靈，他很快敗下陣來。

「請你道歉。」年輕的精靈抓著丑老的衣服。

「我沒說錯，誰活在這世界上，誰就是可憐蟲。」丑老噘著老嘴，一臉不服輸的樣子。

長年生長在孤單與悲觀之中，習慣了以悲觀的眼光看世界，活著對丑老而言，真的太辛苦了，所以他不覺得自己說錯了什麼。

最後精靈們只好把丑老關在家裡一陣子，直到舉辦完小精靈的誕生儀式才放他出來。

又一次，丑老出門丟垃圾，恰巧碰到隔條街的精靈辦喪事。

丑老站在喪家的庭院前，聽著喪家傳出來的哭泣聲，流露出羨慕的神情，不由自主的讚嘆道：「死了好，死了真好。」

此話一出口，立刻引來喪家的精靈撻伐。

「你這個冷血的怪物！」悲傷的精靈瞬間將丑老圍起來。

「我又沒有說錯，能死是一件很幸福的事，難道要像我一樣死不了，會比較幸福嗎？」

丑老的話讓精靈們想回嘴，卻又不知道該怎麼反駁。

最後有一個小精靈，出手打了丑老一拳，接著放聲大哭：「我要我的媽媽，我好想她！」

死掉的精靈，是小精靈的媽媽，為了救生病的小精靈，媽媽用自己的生命換來小精靈的健康。

但是丑老不懂這些，他只知道自己沒說錯，仍固執的高喊：「死亡，是精靈的禮物，你們根本不懂！」

丑老的話為他自己帶來一頓拳腳打踢。

丑老的眼睛都腫了，嘴角也破了，他仍然不覺得自己錯了。

精靈村裡的人，沒有一個人能理解丑老心裡的悲憤，他們只知道千萬別靠近丑老，否則吃虧的是自己。

從此鄰居只要看到丑老出門，都趕著小精靈快回家，因為丑老比瘟疫還可怕。

丑老看到其他精靈，也總是遠遠的避開，他怕聽見小精靈嘻笑的玩鬧聲，那會讓他像觸電一樣全身顫慄。這個世界對他來說，所有的歡笑都是假象，最終都會走向悲傷與孤單，與其這樣，又何必擁有這些歡樂？

精靈族的傳說「不懂愛的人，無法得到死亡的門票」，讓丑老嗤之以鼻，因為丑老根本不相信這個世上有真正的「愛」。

對丑老而言，出生是處罰，歡笑也是處罰，愛更是可怕的處罰，只有死亡才是祝福。

丑老其實說對了一半，死亡真的是一個祝福，但前提是，需要學會真正的愛之後，才會明白死亡是一個禮物的真諦。

一年又一年，丑老看著好幾代的精靈出生，看著好幾代的精靈死去。他變得很老很老，老到覺得自己應該要死一百萬次才夠，但是他卻一次也死不了。

丑老很卑微，很無助，也很倔強。

吃飯時，丑老看著盤子裡的食物，心裡想著，既然吃完食物還是會餓，為什麼還要吃飯？

睡覺時，丑老躺在床上看著天花板，心想，睡醒之後還是會累，為什麼要睡？

散步時，丑老經過墓園想著，生命終有一天要結束，為什麼還要活著？

他也會坐在窗前看著藍色的天空，想著自己到底還得活多久？

想著想著，丑老哭了，世界好不公平，為什麼所有人都可以死去，唯獨他卻得一直活著？

死亡什麼時候才肯找上門？

那天晚上，死亡真的找上門了。

丑老睡在床上盯著屋頂，祈禱天上能砸下個重物讓他結束這漫長的一輩子。

然後，願望成真了，有個東西從屋外飛來，砸破丑老的屋頂，直直朝他落下！

「老天！」丑老驚呼。

丑老本能的伸手接住高速墜下的東西。

一團軟軟的肉球不偏不倚落在他的手裡。

「這是什麼？」丑老瞪大眼驚呼。

「嗚哇！嗚哇！」那團東西在哭泣。

「天哪！是個嬰兒！」丑老驚嚇的聲音，比嬰兒的哭聲還悽慘。

「哇哇！哇哇！」嬰兒聽見丑老尖叫的聲音，哭得更響亮。

丑老和嬰兒，彼此的驚叫聲和崩潰的哭泣聲，相互交疊，瞬間整個屋子充滿尖銳的恐怖哭聲。

丑老的頭都要炸了。

「這是誰家的孩子？快來帶走！」

丑老抱著嬰兒跑到屋外大吼：「誰這麼缺德？居然把剛出生的嬰兒亂丟！」

所有的精靈點亮自家的燈，往外看了一眼。

「不管是誰家的，快來領回去！」丑老大喊。精靈們確認不是自己家的孩子，又都紛紛關上燈，催促小精靈趕緊睡覺。

「到底是誰家的孩子？」

暗夜的精靈村，異常安靜，只有丑老的聲音很驚恐。

「她是個健康的女娃！快來把她帶走！」

所有精靈都睡了，只有丑老聲嘶力竭，不停的喊著：「再沒有人領，我就把她吃了！」

回應丑老喊叫聲的，只有無止盡的寂靜，以及貓頭鷹的咕嚕聲。

最後，丑老哭了。

「拜託你們，別把嬰兒塞給我，我知道平常我對你們很壞，以後我一定改，再也不會跟你們說出生嬰兒好可憐。我會改口，大聲稱讚出生是一件最棒的事，求求你們，趕快來把這小傢伙帶走！」

丑老卑微的懇求著精靈們。

突然，有一個稚嫩的小精靈打開窗大聲說：「嬰兒既然這麼棒，你就好好養她就好啦，說不定她是老天爺送給你的禮物！」

小精靈說完，立刻被拖回房子強迫睡覺。

精靈村很快又恢復一片安靜，所有精靈都沒有再出聲了。

丑老絕望了，只好噙著眼淚，抱著嬰兒走回屋子裡。一想到要和嬰兒共處一室，這比死不了更令丑老難受。

「我怎麼這麼倒楣！」

丑老把嬰兒扔在床上，嬰兒立刻嚎啕大哭。

「我到底是受了什麼詛咒？」

嬰兒把臉哭得脹紅。丑老的臉也氣得從綠色變成鐵青色。

「不要再哭啦！我的頭好痛！」

丑老抓著腦袋，又跳又叫。

「為什麼要折磨我，老天爺？」

丑老大吼，床上的嬰兒聽見丑老的聲音，瞬間哭得好淒厲。

「要哭大家一起哭！」

丑老坐在地上，哇的一聲，也嚎啕大哭起來。

兩個人越哭越大聲，一路從半夜哭到清晨，哭到聲音都沙啞了，還沒有停止的跡象。

丑老這輩子從來沒有哭得這麼暢快過，積壓在心裡的情緒通通被哭了出來。

一老一小哭聲震天，隔壁的精靈大娘終於受不了，只好來敲門。

「叩叩！」

「叩叩叩！」

大娘敲了半天都沒有人應門。

「丑老，我自己開門進去唷。」大娘大起膽子推開門。

一看不得了，丑老哭得比嬰兒還誇張。

「丑老，你有孩子了，該開心呀！」大娘溫柔的說。

丑老一聽，哭得更大聲。

「有孩子是好事，該笑。」大娘說。

「不是我的孩子，所以我哭。」丑老委屈。

「不是你的，現在也算你的了。」大娘柔和的說。

「我不想要孩子，我想死。」丑老收起眼淚，不高興。

「說不定等你養好孩子，就能如願以償了。」大娘替丑老接過孩子，輕輕拍著孩子的背。

「真的？」丑老收斂起悲傷。

「古老傳說不是說過，沒愛過的人，無法死亡，那不就是說，只要你學會愛，就能死了嗎？」

「嗄？你叫我要愛這個醜傢伙？」丑老看著嬰兒，一臉嫌惡。

「她現在是醜了點，等吃飽不哭了，就漂亮啦。孩子會哭成這樣，肯定是餓了。」大娘經驗老道的說。

「餓？我看她哭得可精神了，哪像是肚子餓的樣子？」

「不信？把手指給我。」大娘也不管丑老願不願意，拉著他的手指，就往孩子哭鬧的嘴裡塞。

娃娃嘴巴一碰到手指，立刻吸吮起來，不哭了。

「瞧，餓了吧。」

一道電流順著被吸吮的手指，閃電般打在丑老心口上，丑老輕輕顫慄起來。

「娃娃願意吸你的手指，代表她認你是親人，還說不是你的孩子。可憐的小寶寶，親人不認，難怪她要哭得那麼傷心。」大娘說。

丑老聽著大娘的話，想起自己從小沒爹疼、沒娘愛，心裡對嬰兒升起一股憐憫的同情。

「唉……」丑老小聲對大娘抗議：「這真的不是我的孩子，我沒事找個孩子來做什麼，她是從天上自己掉進來這裡的！」

小嬰兒似乎聽得懂丑老的話，悲傷的再次哇哇大哭。

「行、行！你別哭，聽我把話說完，我想說的是，既然掉進我家，就是跟我有緣分，你是老天爺送我的孩子，我叫你『寶兒』，算是老天爺送我的寶，行了吧。」丑老像是說給嬰兒聽的，又像是說自己聽的。

「寶兒，這名字好，以後肯定是個受人疼愛的孩子。寶兒別怕，你這一輩子有阿爸照顧著呢！」大娘在一旁拍手慶賀。

「我……我這麼老，不是阿爸，要做也只能是爺爺……」

丑老說完「爺爺」這兩個字，立刻有一道奇特的暖流闖進他的心扉，這是他第一次與其他人有了連結，生命湧入了奇妙的感受。

「真神奇。」丑老震顫不已，他從沒有過這樣的感覺，而且一想到寶兒是他的孩子，居然有一股生命的力量源源不絕的湧出來。

原來有家人的感覺，那麼的神奇。

「你要好好愛寶兒，你可是她唯一的家人。」大娘叮囑。

「愛？」丑老發抖的說出這個字。

愛，第一次出現在丑老的生命裡。

丑老再度想起精靈村的傳說：死亡的大門，必須用愛的鑰匙才能開啟。想到死亡，丑老興奮得眼睛都紅了，死亡那麼的可貴又神聖，他真想快點得到它。

「寶兒的爺爺，別發呆，好好哄孩子。我回家一趟，看有什麼能給寶兒填肚子的東西，馬上回來。」大娘把手中的寶兒放在丑老的手上。

「可是這……我不會……」

丑老想把嬰兒推給大娘，沒想到低頭瞥了一眼寶兒，寶兒居然對著丑老笑了。

丑老僵住了。他從寶兒身上，得到了好多以前沒有過的生命經驗。

丑老紅著眼眶，對著寶兒頻頻點頭。

「孩子，你很不錯，爺爺會把你養大，至少不會讓你孤單，也不會讓你寂寞，不過你不用急著感謝我，因為我也是為了我自己。」丑老喜孜孜的自言自語，連大娘什麼時候回來，他都沒察覺。

那天晚上，大娘帶了各種顏色的奶水教丑老餵奶，也教丑老幫孩子拍背，更教丑老怎麼抱孩子。

丑老一邊學，臉色一邊露出嫌惡。

「學會了吧？」大娘問。

「學……會了嗎？」丑老歪著頭，自我解嘲。

大娘拍拍丑老的肩膀。「不會的事以後再學，時間還長著呢。」

丑老傻笑著說：「對，我什麼沒有，時間最多。」

兩個人一起會心一笑。

丑老這輩子沒和任何人來往，沒想到和其他精靈聊天竟是這樣開心，能讓人心情愉悅。

自從寶兒降臨，丑老成了鄰居口中的寶爺爺，往來的鄰居雖然不多，但是每天都讓丑老覺得好混亂又好新鮮。

有時，丑老幫寶兒洗完澡穿好衣服，卻忘了穿尿布，寶兒一撒尿，床鋪溼了一片；有時寶兒穿了布墊，但丑老一忙亂，一整天都沒換尿布，寶兒只好使勁的哭，哭到喉嚨都啞了，丑老卻一直以為寶兒想喝奶。

丑老雖然聽不懂寶兒的哭聲，但還好街坊的精靈鄰居都聽懂了。

有時寶兒肚子脹氣的哭，丑老還沒弄清楚怎麼回事，住在西邊的精靈奶奶一手拿鍋鏟，一手拿著脹氣藥膏，直接就走進丑老的家。

「寶爺爺，這藥給孩子擦擦，我家孫兒小時候都擦這藥，很快就好。」奶奶放了藥膏，就回去自己家，繼續炒菜。

有時天氣熱，寶兒全身長痱子哭得厲害，怎麼都哄不了，住在東街的嬸子很快的來敲門。

「寶爺爺，天氣熱，孩子可能睡不安穩，這兒有個涼墊和痱子粉，拿去給孩子用，孩子肯定睡得好。」嬸子說完，利索的回家了。

丑老照顧孩子完全是門外漢，但是他有經驗老道的好鄰居，什麼都不怕，每天都過得很享受，因為只要有人一叫他「寶爺爺」，他的心頭立刻暖呼呼的，那種感覺就像迷路的蜜蜂找到回家的窩一樣，甜滋滋的。

丑老慶幸自己不會照顧孩子，他才能和鄰居有交流的機會，他覺得日子如果能這樣一直過下去也很不錯。

不過丑老沒有發覺，每次鄰居來幫忙，總是開心的來，最後卻皺著眉頭回去，因為丑老太久沒和精靈往來，連客套的話都不會說，總是對著送東西來給他的鄰居說：「你怎麼才拿來？」「這麼好用多送我幾瓶」「你動作也太慢了！」精靈們雖然不習慣丑老說話的方式，但因為寶兒實在太可愛了，所以精靈們都努力適應丑老，不跟他計較。

寶兒拉近了丑老和鄰居的關係，鄰居對寶兒和丑老的關愛，讓丑老荒廢的心又重新灌溉出一片綠意。

丑老開始覺得自己有點像個精靈了，走路那樣的輕盈，那樣的快樂。

隨著時間一點一點流逝，寶兒漸漸長大，丑老教寶兒數數。

「這是1，像棍子，你沒出現以前，爺爺就是個光棍，你來之後，我們就是兩根棍子，可以用來打鼓，也可以給彼此打氣。」丑老用石頭在地上排出1的數字。

寶兒很快的學丑老在旁邊也排了個1，然後不停嘟著小嘴說著：「達鼓、達氣，達達。」

「兩個1加起來就是2，2的寫法應該是這樣……」

丑老想排出2，但寶兒不停嚷著「達達」，讓丑老沒辦法繼續教下去。

寶兒學數數，只學到2就不肯再學了，整天對著兩個1叫「達達」。

丑老笑著對寶兒說：「原來你是傻孩子，難怪你父母不要你。」

丑老的日子過得開心，但說出來的話卻很傷人。

寶兒一歲時，開始學走路。看見寶兒會走路，丑老很感動，但嘴裡說的卻是：

「你會走路了，以後沒爺爺的允許，不能走太遠，不然爺爺打斷你的腿！」

丑老無法準確的說出心裡的真正感受。

兩歲的寶兒，喜歡擁抱，學會將「愛」掛在嘴上。

「爺爺，抱抱。」寶兒喜歡飛撲在丑老懷裡。

丑老摸摸寶兒的頭說：「你長大了，還要人抱抱，羞羞臉。」

「爺爺抱抱，我要抱抱！」寶兒哭了。

寶兒畢竟還小，得不到的東西會哭、會鬧、會難過，然而比起寶兒，丑老的脾氣更硬也更臭。

「不抱不抱！你有腳，可以自己走；你有手，可以自己照顧自己，不應該用來抱抱。」

面對寶兒，丑老比寶兒還孩子氣，兩個人經常賭氣。

然而寶兒畢竟是孩子，脾氣來得快也去得快，她總是比丑老更先軟化，用自己天真的小臉對丑老說：「爺爺，我們不生氣了好嗎？」

丑老聽了以後，心都軟成棉花了，但是他還是會嘟著老嘴，裝出一副倔強，冷冷的哼一聲。

寶兒會再次仰著小臉問：「爺爺，你愛我嗎？」

寶兒的眼睛眨呀眨的，睫毛上還沾著晶亮的眼淚。

「愛……嗎？」丑老艱難的問自己。

這個問題對丑老來說非常的難，比「為什麼自己不會死」還難，因為他從來沒有擁有過愛，根本不相信愛，所以他沒有辦法準確的回應寶兒。

丑老還沒想好該怎麼回答，寶兒立刻幫忙解決他的窘境。

「爺爺，我愛你。」寶兒撲上前，給了丑老一個吻。

丑老感覺電流竄過全身，顫抖著。

寶兒的愛，沒有掩飾，讓丑老震驚，也害羞。

丑老用生氣掩飾害羞。「說什麼愛不愛的，瞧你把我的衣服都給弄皺了！沒大沒小，趕緊下來。」

「爺爺你不愛我嗎？」寶兒說著就要哭了。

「愛又不能填飽肚子。別哭了，給你一塊糖，去屋外吃吧。」丑老拍拍寶兒的腦袋。

「爺爺，你愛我嗎？」寶兒追問。

「哪來這麼囉唆，快去吃糖，不吃我要吃囉。」

「我要！我要！」寶兒搶走糖，到屋外去吃。

看著寶兒吃糖的身影，丑老心裡鬆了一口氣。

「還好沒再追問了，不然真難回答。」丑老成功避開「愛」的難題，同時也感覺很滿足，能這樣被寶兒無條件的愛著，真好。

有了寶兒之後，丑老從一個孤僻的精靈，變成願意與人往來的精靈；從一個覺得「死亡才是生命最好禮物」的怪物，變成了一個也許「活久一點也很不錯」的平凡精靈。

寶兒改變了丑老。

丑老終於知道，為什麼大家都討厭死亡了，因為活著實在太美好。寶兒一點一滴的融化丑老的固執與孤僻，對於活著，有了不一樣的體驗。

偶爾，丑老會想起精靈村的古老傳說：

一個沒有「愛」的精靈，得不到死亡的門票。

丑老現在對於這件事開始有點擔憂，因為他已經不太想死了，有時候甚至害怕死亡太早到來，他還沒享受夠生活呢。

為了永遠保留這一切的美好，丑老堅決不跟寶兒說「愛」。

寶兒慢慢長大，丑老也越來越喜歡寶兒，但還是不說愛，丑老對寶兒的管教仍然嚴厲多過溫柔。

三歲時，丑老拜託隔壁的大娘帶寶兒上街買衣服。

路上，寶兒看見路邊有許多漂亮的石頭，於是趁著大娘買東西時，蹲下身撿了好幾顆。

「漂亮，給爺爺。」寶兒一路上興奮的又蹦又跳。

「是什麼好東西？」大娘牽著寶兒的小手。

「嗯，彩色的石頭，我幫爺爺撿的，是最棒的禮物。」寶兒將大大小小的彩色石頭捧在手心給大娘看。

「一顆石頭一份愛，爺爺知道你這麼愛他，肯定會很高興。」大娘說。

「達達！」寶兒點頭，開心的笑著。

「達達？」大娘沒聽懂。

寶兒笑得很開心。「是祕密。」

回家後，寶兒把丑老託大娘買的衣服穿在身上，口袋裡還放著許多大大小小的石頭，她幻想著爺爺抱著她時，自己不經意發現禮物，該有多開心。

但寶兒得到的卻是丑老的一頓罵。

「你居然把石頭放進新買的衣服裡！我花了許多寶貴的食物，才能跟別人換新衣服給你。你看你，衣服口袋都被石頭鑽出洞了。你太不知珍惜，你太讓我失望！」

丑老劈哩啪啦罵一頓，罵完順手把一堆亂七八糟的彩色石頭全往窗外丟。石頭墜下，瞬間砸壞窗臺下丑老種的一株珍貴的生命樹。

「我討厭爺爺！」寶兒悲傷的哭著。

「討厭我最好，我不需要你喜歡。」丑老也生氣。

這些話恰巧被路過的大娘聽到了，大娘低聲的嘆息。

寶兒七歲時，丑老生了一場嚴重的大病，虛弱的躺在床上好幾天。

寶兒到隔壁大娘家借了炭火和白米，要了一條魚。

大娘問：「你要這些做什麼？是爺爺叫你來跟我拿的嗎？」

寶兒神祕的笑著點點頭。「差不多，這次我要好好幫爺爺補補身子，絕對不會再搞砸。」

寶兒說完，一溜煙就鑽回丑老的家。

寶兒在丑老的廚房挽起袖子，切切煮煮，做了一碗營養的魚粥。

寶兒從來沒進廚房幫丑老煮過東西，但是寶兒有毅力，在燒壞了兩個鍋爐後，終於把一碗粥端到丑老身邊。

丑老顫著手，接過黑得像木炭的黏粥，再抬頭看一眼廚房，忍不住破口大罵：「你想當孤兒嗎？把房子燒掉怎麼辦？不會煮粥為什麼不請鄰居幫忙？為什麼要做這麼危險的事？是不是真的要看到我死了你才開心？」

那一次，丑老把寶兒足足罵了三天，寶兒氣得發抖。

「我再也不要理你了！」寶兒哭著跑出去，一夜沒回家。

「哼，不理就不理，我本來就一個人，沒有你也一樣可以活。」丑老也生氣。

雖然罵完寶兒，丑老心裡也後悔。

但是丑老倔強慣了，說不出好話來安慰寶兒。

挨罵的寶兒，恨死爺爺了，因為她的爺爺不像別人的爺爺有和藹的笑容，也不像別人的爺爺有溫暖的懷抱。她的爺爺永遠板著一張臉，不管她做什麼，爺爺永遠只會念她、罵她，只差沒打她。

寶兒一步步將自己封閉起來，不想接近丑老。
丑老感覺寶兒越來越冷漠，急得像蚱蜢，除了跳來跳去窮著急，也只會用責罵來關心寶兒。
九歲的寶兒，和丑老長得完全不一樣，但是表情都一個樣，每天板著臉，剛硬又倔強，什麼笑容也沒有，問她問題也只會冷冷的說「我不知道」。
丑老很生氣，覺得寶兒沒禮貌，但是比起生氣，丑老發現自己的心居然會痛。那是丑老從來不曾有過的感受。

一天，丑老決定學以前的寶兒，自己先軟化一些。
丑老放下身段，柔聲問：「寶兒，今天天氣好，我們去樹下野餐吧？」
「樹下都是蟲，你皮厚不怕咬，我皮嫩怕得很。」寶兒譏諷。
「不想去野餐，那我們去散步吧？」丑老不死心。
「散步？那是老人才需要的，我又不老。」寶兒沒好氣的說。
「不然你想去哪玩，爺爺都陪你？」丑老繼續問。
「玩是為了讓心情變好，叫我跟你去玩，是想讓我窒息嗎？我又不是笨蛋。」
寶兒扔下這句話就甩門出去了。

面對寶兒刻意唱反調，丑老難過的癱坐在地上。

丑老知道，寶兒已經徹底的不要他了。

從來沒有愛過人的丑老，不知道自己哪裡做錯了，也不明白寶兒不是一直很愛他嗎？怎麼現在說變就變？

丑老的心，難過得要擰出血來。

隔壁大娘剛好路過丑老的家，見門沒關，自己進來了。

大娘看到丑老坐在地上，趕緊扶他上床。

「有床不睡，為什麼去睡地上？」大娘關心的問。

「寶兒不愛我了，我終於明白為什麼你們都會死，而我不會了。」丑老苦笑。

「說什麼傻話，沒頭沒腦。」大娘幫丑老倒了一杯水。

「因為會心痛。」丑老指著自己的心臟位置，「以前的我從來不會心痛，可是現在我會心痛，這感覺就像死掉一樣。」

「又跟寶兒吵架了？」大娘問。

「如果能吵架就好了，現在她連開口說話都不願意。這孩子，跟我以前簡直一模一樣，倔強、孤僻、沒人喜歡，難怪沒有人愛。」

丑老說這話的時候，寶兒恰巧回來了。

原本寶兒覺得自己說話太難聽，想回來安慰一下丑老，沒想到她才進門，剛好聽見丑老正在指責自己表現得太差，難怪沒人愛。寶兒伸出去的腳瞬間抽回來，臉色倔強，呼吸急促。

寶兒很生氣，從口袋摸出一把彩色的石頭，氣惱的想把所有石頭砸在丑老的門上，但是一緊張，一顆彩色石頭不小心落在門前，發出「咚咚」的聲響。

寶兒來不及撿石頭，轉身就逃。

大娘聽見聲響，對著門外喊了一聲：「誰呀？」

等了好半晌，沒聽見聲音，大娘起身往門外一看，什麼人也沒看到。

「是寶兒嗎？」丑老問。

大娘關門時，發現地上的彩色石頭。

大娘撿起地上的石頭，走回丑老身邊。「是顆石頭。」

「石頭？」丑老輕笑著，「大概是來嘲笑我是個冥頑不靈的老石頭，走到哪裡都固執，到死也改不了。」丑老開自己的玩笑。

「你想死了？」大娘問。

丑老搖頭。「為了寶兒，我還不想死。」

「你剛剛說誰沒人愛呢？」大娘問。

「當然是我，我以前就是太孤僻和倔強，才會沒人愛，但是我很怕寶兒會和我一樣。」丑老擔憂著說。

「為了寶兒，我覺得你應該讓她學會什麼是真正的愛了。」大娘把石頭放在丑老的手上。

「這是……？」丑老不解。

「愛。」大娘輕輕的笑了。

「愛？」丑老更不懂。

「剛剛好像是寶兒來了，掉了這顆石頭後，慌慌張張的走了。」大娘猜測。

「這裡是她家，有什麼好慌張的？」丑老正色道。

「如果剛剛真的是寶兒，那麼她肯定聽見你說『倔強、孤僻、難怪沒人愛』了。也許她誤以為你說的是她！」

「啊？」丑老心口一揪，慌張得不得了。

大娘挑起眉毛說：「有件事，擺在我心裡好久了，以前怕你固執聽不進去，現在再不說我怕沒機會，我擔心寶兒會離你越來越遠。」

「別說得太難，我老了，沒辦法理解太困難的事。」丑老說。

「我就說這顆石頭的故事。」

大娘緩緩將寶兒三歲在布店前彎著身子撿彩色石頭的事，一一說給丑老聽。

「寶兒當時稱這個禮物叫『達達禮物』。」大娘回憶著。

「達達？是什麼意思？」丑老隱約想起，寶兒第一次開口說話時，說的就是「達達」。

「有機會你自己去問寶兒吧。」大娘說完，又道：「對了，還有一條魚。」

「魚？」丑老不解。

「寶兒七歲的時候，你生了一場大病，寶兒為了你，來我這裡借魚、借碗、借鍋子，她說這一次有信心能表現得好，不過……你為了這件事，好像罵了她三天，還不准她吃飯。那條魚，還是一條黑色的鯛魚，最有營養的魚，只是煮起稀飯來，會把白飯染成木炭一樣的顏色。」

「我的老天，你怎麼現在才告訴我？我這老糊塗，難怪會得到精靈村的詛咒。」丑老懊惱著。

「你說什麼詛咒？」大娘不解。

「就是『不懂愛的人，無法得到死亡的門票』這個詛咒呀！」

「老天爺啊，你搞錯了，那才不是什麼惡毒的詛咒。相反的，這是最大的慈悲。」

「最大的慈悲？這算哪門子的慈悲！」

大娘解釋道：「精靈村有兩大慈悲。第一個慈悲是，給沒有愛的人多一點時間。心中沒有愛的人，需要花多一點的時間去體驗、去學習、去感受，所以在精靈村，沒有愛的人會獲得更長的壽命，才能有足夠的時間去學習，最後慢慢生出愛。」

她接著說：「而第二個慈悲是，死亡是愛的推手。對很多人而言，就算心中有愛也不一定說得出口，這時就需要『生命的最後一天』來幫忙。沒有人會因為說出愛而死，但在死亡前一刻，愛最容易說出口。」

那天晚上，躺在床上的丑老想了許多事，想著想著，眼淚不由自主的滑落。這些年來，寶兒一直用自己的方式愛著他，他卻從來沒有給寶兒想要的愛，他能感覺自己就快沒時間了，有些話再不說，就再也沒機會了。

深夜，寶兒回家了。她發現丑老正在哭，冷漠的說：「哭什麼？要說多難看，就有多難看，不害臊。」

丑老噙著淚，用紅腫的眼睛看著寶兒。

「怎麼？我說得不對？」寶兒沒好氣的說。

丑老搖著頭說：「你說得對極了，我真不害臊，以前我這樣說你，我都不知道你會有多麼難過，現在我終於體會了。」

「無聊。」寶兒不領情，走到自己的床鋪邊收拾東西。

丑老看著寶兒，不知道寶兒這麼晚不睡覺，收行李要做什麼。沒多久，寶兒收好了一個背包，轉身就要離開。

「寶兒，你去哪兒？」丑老緊張的問。

「我要走了。」

「走去哪兒？」

寶兒冷漠的說：「你不是我爺爺，我也不是你孫女兒，今天是我十歲生日，我感覺十歲的我就像是死了一樣難受。我不想以後的每一年我都得再死一次，所以我要離開這裡。」

「我把你的生日忘了。」丑老臉色煞白。

「無所謂，反正你從來都不曾愛我，不過你至少養大了我，我還是得向你說聲謝謝。」

「我、我、我……」丑老一連說了三個我，卻不知道該如何解釋。

「你什麼都不用說，我對這裡沒有留戀，今天下午聽見你說不會有人愛我，正好給我離開的勇氣。」寶兒聳肩。

「不、不、不……那不是說你，那是在說我自己呀！」丑老解釋。

「不管說誰，反正我已經決定要離開了。」

看見寶兒轉身就要走，丑老想起精靈村那個古老傳說：

一個沒有「愛」的精靈，得不到死亡的門票。

大娘說這不是詛咒，而是慈悲的禮物。丑老又哭又笑，口中罵著自己真是世界上最愚蠢的笨蛋。

「你發什麼瘋？」寶兒譏笑。

丑老低頭看著自己，皮膚不知何時出現了皺裂的痕跡，彷彿宣告時間真的不多了。

「你到底怎麼了？」寶兒不耐煩的說。

丑老終於想通了，關於愛，要靠兩個人彼此表達才會成為一份完整的愛。他決定了，在死亡來臨之前，他要好好愛一次。

丑老眼光熠熠的看著寶兒。

寶兒皺著眉頭，「又想罵我？」

丑老搖頭，「過去是我不對，我現在只想告訴你一個關於死亡的故事。」

寶兒冷漠的看著丑老。

「你害怕死亡嗎？」丑老問。

寶兒輕笑，「活著不見得好，死了也不見得不好，我沒什麼好害怕的。」

「寶兒，我懂那種感覺，我以前也不怕，甚至希望自己能趕快死掉，但是後來有了你，我過得越開心，就越怕自己會死，結果現在卻把你養成另一個跟我一樣的人，我很抱歉。」丑老嘆口氣。

寶兒說：「你到底要說什麼？」

丑老以無比專注的眼神看著寶兒，「寶兒，沒有人是真的可以長生不老的，即便我也不例外。死亡其實是一種祝福，如果我跟你說，我即將死去，你會怕嗎？」

寶兒輕笑著說：「你死或活都跟我無關。」

寶兒的話讓丑老的心很痛，但正是他造就出寶兒這樣的性格，不怪寶兒，只怪他太晚才懂真正的愛。

丑老攤開自己手掌心，露出一顆綠色的石頭。那是寶兒下午落在門外的石頭。

丑老說：「下午你在門外聽見我說的話了吧。不管你聽到了什麼，都是我的錯。這顆石頭，是你三歲的時候送給我的禮物，雖然，我晚了七年才收到，但是我很感謝你送我這麼棒的禮物。現在，我也要來送你一個關於石頭的故事。」

寶兒不耐煩的搖頭。「我聽不懂。」

「這是個關於我的故事……」

丑老緩緩的說起自己的故事。

丑老是冬天來到精靈村的。

當時天上下著雪，他被人裹著厚厚的棉襖，孤伶伶的丟在現在的家門口。

丑老是被鄰居養大的，因為他的哭聲響亮，驚動了鄰居。幾個好心的鄰居將他抱回家餵養，但是沒有一家精靈能長期養育他，因此每隔一段時間，他都會被送到不同家裡去吃飯。

直到有一天，他受夠了被人拋來拋去的日子，決定回到這個家，關起門來自己過生活。

「當時的我，就像現在的你一樣，倔強又獨立。」丑老牽起寶兒的手。

寶兒很彆扭，很快的把丑老的手掙脫開了。

丑老一陣苦笑之後，繼續說故事。

丑老自己一個人生活，努力的耕種，用收成養活自己。

日子一天天過去，他慢慢長大，然後也慢慢的開始恨著所有人。

「我恨這世上的人，恨把我拋棄在這裡的父母，恨精靈村的每一個人，拜他們所賜，我才這麼的孤獨。我詛咒所有得到幸福美滿的人過得比我更不幸，對於愛，我覺得那是最虛假的東西，我不相信世界上有真正的愛，我的內心充滿了恨意，我覺得能離開這個世界才是最幸福的事。」丑老哀傷的嘆息。

寶兒心頭一顫，丑老跟她的心情居然一模一樣，她臉上有溫溫的淚水滑落。

「就在我為自己死不了而苦惱時，你從天上掉下來，砸破我的屋頂，直接掉在我手上。」丑老想起那天的畫面，面露微笑。

寶兒第一次聽丑老說起自己的故事，耳朵直豎，專注聽著。

「寶兒，你就像個天使一樣來到我的身邊。」丑老慈藹的說著，言語中有著無比的幸福。

「當時你一直哭，我哄不了，只能不斷的祈禱鄰居來幫忙。你哭的時候，臉都揪在一起，好醜，卻也是我見過最可愛的模樣。」丑老微笑著回憶。

寶兒也破涕笑了。「再怎麼醜，也只是跟你差不多而已吧。」

「不，再怎麼醜，都好可愛。寶兒，你給了我好多寶貴的東西，你教會我快樂。和你在一起，我每天都過得精神奕奕，以前痛恨太陽，那代表日子又得重新開始，但後來我期待太陽，因為有你的生活，每天都過得很有趣。可是……」丑老突然打住了。

「可是什麼？」寶兒問。

「寶兒，我知道你一直在等我的愛，我終究是個失敗的爺爺，我給不出我原本沒有的東西，我的體內，根本沒有愛。從來沒有人教會我真正的愛是什麼，這導致你給我愛的時候，我也不相信是真的，所以……我對不起你。」丑老摀著臉，嗚嗚的哭著。

寶兒心裡也感到一陣難過。

丑老哭了一會兒，擦擦眼淚，「雖然我沒有愛，可是你每天仍然堅持送一份愛給我，就像這顆石頭一樣，得花很久的時間，才能被人看見。這些年，是你讓我一點一滴的融化，我很幸運。」

丑老把手上的彩色石頭放在寶兒手掌心。

丑老又說：「當我看著你從一個天真的女孩，慢慢失去笑容，甚至要離家，我這才明白，我是很愛你的。」

寶兒的眼淚不爭氣的流下來。

丑老說：「我一直以為身上有個詛咒，一旦我學會了愛，我將會死亡，所以我很害怕有一天，我不小心對你說愛之後，就不能跟你在一起生活了。但現在，我才知道不管我說或不說，死亡早已找上門，現在就只差最重要的一步，那就是，寶兒，你要記得，爺爺很愛很愛你。」
「爺爺！」寶兒摀著臉，哭著。
「寶兒，謝謝你用石頭教會我等待愛，用黑黑的魚粥讓我汲取愛的營養，我想我有一點學會愛了。」
「達達的禮物。」寶兒噙著淚水，輕輕的笑了。
「什麼？達達？」
「達達，小時候，你教我認數字，你說『1』就像以前的你，是個光棍，但是現在我們有兩個『1』，加在一起，就像兩根棍子，可以互相給對方鼓勵，也能打擊出美妙的聲音，所以每次你教我認『1』，就會說『達達』，我一直記得。」寶兒將褲子口袋裡所有的石頭都掏出來，排出兩個直線。
寶兒指著兩個「1」，笑著說：「一根是你，一根是我，我們倆在一起就能打出幸福的音樂。我想送你的禮物，就是這兩根『打打』。」
寶兒終於講出藏在心裡很多年的達達禮物，丑老再也無法控制自己，眼淚嘩啦嘩啦的流。
「我的寶兒呀，爺爺好愛好愛你，我的孩子呀。」丑老抱著寶兒，好開心又好自責。

「爺爺。」寶兒甜甜的回應。

然而寶兒發現丑老的綠色皮膚，突然變得斑駁，彷彿是千萬片綠色葉片。

寶兒瞪大眼睛看著這一切，突然意識到剛剛爺爺提到的死亡。

「爺爺，這是怎麼回事？」

「寶兒別怕，死亡早已等待我很久了，能在這之前對你說出愛，對我而言，這是最美的終點。」丑老撫摸著寶兒的秀髮。

「不，我剛剛才得到你的愛，我不要。」寶兒感到驚恐。

「聽我說，死亡為我帶來勇氣，所以它是個祝福的禮物。」

「不管死亡是什麼，我都不想你走。」寶兒哭泣著。

丑老安慰她說：「愛一直都在，只是我選擇視而不見。死亡是為了襯托出愛的珍貴。」丑老的身影隨著葉片飄落，逐漸凋零。

「不，別說，你別說了。」寶兒哭泣。

「趁現在還能說，我要給你我全部的愛，你要牢牢記住。從天而降的寶貝，謝謝你來到爺爺的生命，我很滿足。你是老天給我最重要的禮物。」丑老撫摸寶兒的手，隨著葉片凋零，也變得虛幻。

「爺爺，我愛你，我一直在等你，我以為你不愛我，以為你討厭我。可是，我不想你死，如果這個愛得用你的生命來換，我寧願不要。」寶兒痛哭。
「好孩子，我該早點告訴你，我很愛你。因為有你，死亡才能變得美好，愛就像風箏線，會把我們倆永遠連結在一起。」丑老的聲音越來越虛幻。
「爺爺，爺爺！」
「能在愛裡死去，我很幸福。」丑老抱著寶兒，聲音慢慢變得細小了。
寶兒抬頭，看見丑老身上最後一片綠色葉子隨著微風輕吹，消散在空中。
「不、不、不！」寶兒想緊緊握著丑老的手，卻什麼也抓不住。
「寶兒，我的愛會和這些彩色石頭一樣，一直陪伴在你身邊。這不是結束，而是另一場愛的開始。」丑老輕聲的說。
「不要走，我想要好好愛你，拜託，留下來。」寶兒哭著求丑老。
但是時間從不聽從任何人的命令，丑老的生命能量終將消散。
「我親愛的寶兒，我的愛會永遠圍繞著你，當你想起我的時候，我的愛就會指引我來到你的身邊。」丑老用空氣般的手，擦拭寶兒的淚水。
「都是我害了你。」寶兒哭著。
「是你幫我完成了我自己。」丑老的聲音如一縷輕煙，漸漸飄遠了。
「我愛你。我會一直想著你。」寶兒緊緊抱著丑老已經形同空氣的身體。

「我愛你，孩子。」丑老最後的聲音在遠方的空中迴盪。

聲音像一張溫柔的網，最後將寶兒牢牢的包圍。

寶兒哭著，也笑了。

寶兒在這一天，與死亡相遇，也體會了真正的愛。

就在這時，天空上緩緩降落了一道透明的綠色小光束。寶兒仰頭一看，發現光束中包裹著一隻綠色的毛蟲。

毛蟲全身散發著溫和的光，筆直的落在寶兒的手心裡，那樣子，就像……一根棍子。

「達達……」寶兒想起了丑老。

毛毛蟲像個小跟班，從寶兒手臂爬上寶兒的肩膀。

「好可愛！」寶兒驚呼。

毛毛蟲仰起頭，在寶兒臉頰上親吻了一下。

「好癢。」寶兒噗哧笑了。

毛毛蟲對寶兒發出柔和的光芒。

寶兒的心裡感到有些安慰，她輕聲說：「我的爺爺走了，你卻出現了，你是爺爺嗎？」

毛蟲對寶兒發出不同層次的光芒。

「不管你是不是爺爺，謝謝你願意陪我。就叫你達達吧。」

「達達。」毛蟲居然發出了聲音，似乎很開心。

寶兒笑了，手指摸摸毛蟲。

爺爺雖然走了，但是寶兒擁有爺爺的愛，她知道，只要牢記爺爺的愛，爺爺就會永遠存在。

毛蟲散發著溫和的光芒支持著寶兒，柔和的風也吹撫著寶兒，寶兒擦擦眼淚，帶著愛，她期待著未來的每一天。

親愛的三三：

透過丑老不死的故事，現在你能稍稍體會死亡的真正意義了嗎？

故事中，沒有愛與不懂愛就得不到死亡門票的情節，雖然在現實中是不存在的，但是透過丑老不死的故事讓我們深刻明白，愛其實一直都在，如果我們活了一輩子，卻不曾承認愛真實存在，那麼我們活著不就太可憐了嗎？難道我們活著是為了品嘗孤獨？那生命未免太寂寞了呀！

活著，該為什麼而努力呢？

丑老一開始是為了死亡而努力，但是直到生命最後，他才明白愛才是讓生命有意義的核心，死亡也變得有價值，那是一種為了將生命的位置留給心愛家人的重要象徵，亦是對親人展現巨大的愛的神聖時刻。

許多人談及死亡，總感覺害怕，與自己至親的家人告別時，也讓人感覺悲傷，因此死亡成了許多人心中的禁忌話題，彷彿談到死亡，就觸犯了禁忌。

然而，**不去談死亡，並不會讓死亡消失，死亡仍舊如影隨形的跟著我們，不停的考驗著我們的勇氣，催促著我們去面對**。

既然死亡永遠存在，不會因為我們討厭或恐懼它就消失不見，那麼就讓我們用心去觀察死亡，也許就能發現生命因為有了死亡，而顯得珍貴起來。**雖然生命被限縮了時間，但也因此讓我們更懂得去珍惜與家人相處的時光，畢竟生命短暫，得把握每一次的相聚，這也許就是死亡帶來的意義**。

三三，不知道你是否曾經有跟我一樣的經驗？年幼時，突然愛上某種玩具或物品，還沒得到時，會不停的渴求想要，一旦得到了，反而覺得東西變得不稀奇了。

我記得我五歲時，好想要一個洋娃娃陪我睡覺，每天我不斷的祈禱有人能送我一個洋娃娃。在媽媽那個年代，洋娃娃是一個非常奢侈的玩具，要用大人一個月的薪水才能買到一個洋娃娃。這麼昂貴的洋娃娃，當然沒有人會送我，所以我只能日日夜夜祈禱奇蹟發生。

有一天，奇蹟真的發生了，我的阿姨，也就是你的姨婆真的送給我一個洋娃娃，我好高興好高興，高興得睡不著覺。

我好愛那個洋娃娃，每天都抱著她，不論睡覺還是吃飯都抱著。

隨著時間一久，擁有洋娃娃的新鮮感過去了，我開始好奇洋娃娃的眼睛究竟是裝了什麼裝置，可以和人一樣閉眼和張開眼睛？

為了滿足好奇心，我開始用手指頭探索洋娃娃的眼睛，就在某一天，洋娃娃左邊的眼睛突然掉下來，看著少了一隻眼睛的洋娃娃，我放聲大哭，這才明白自己怎麼會這麼不珍惜洋娃娃。因為有了那一次的失去，從此之後，我學會了珍惜自己的物品，對自己擁有的玩具都格外的小心。

瞧，這不就是因為我曾經「失去」，所以才學會「珍惜」的最好例子嗎？

生命亦是如此。**因為生命「短暫」，我們才更懂得「珍惜當下」**。

幼時，我也經常思考為什麼人不能永遠活著，為什麼非要有死亡不可，直到後來，我經歷了心愛的狗狗意外過世，一個生命從我眼前消失，讓我體會了「生命短暫」的事實，從此我學會了要更加珍惜每一次與你和家人相處的時光。

這是狗狗用牠的生命教會我的事，雖然過程讓我的心很痛，但我仍然非常感謝牠為我上了寶貴的一課，讓我即時學會「珍惜」。

後來，你的老爺，也就是我的父親，在你五歲時離世，我以為我會非常悲傷，甚至憤怒你的老爺為什麼要離開我，但奇怪的是，我的內在除了不捨和難過之外，再也沒有其他的情緒了，彷彿我早已經為這一天的到來練習了無數次。

事後回想起來，我終於明白原因。早在心愛的狗狗過世之後，我學會珍惜與家人相處的時光，每一次與你的老爺聚會時，總是非常認真的和他談話，認真的和他相處，並且向他表達我心中的愛。

你的老爺總是這麼告訴我：「你很努力生活，你能認真的養育孩子，從來不逃避你的責任，我對你很滿意，老爸爸好愛你。」

當夜幕低垂，死亡降臨時，過去的那些相處的時光，如一盞盞的燈光，從黑暗的隧道口朝我發出指引的光亮，照亮了我的生命。

親愛的三三，直到那一刻，我才終於明白，**死亡並不是人生的盡頭，死亡只是生命的一個階段，越過死亡，是生命另一個階段的開始。生命，並不會因死亡而帶來黑暗，因為過去那些點點滴滴的愛，將匯聚成光，永恆的照亮我們。**

一如你的老爺，我的父親，一直在我心裡，當我想念他時，他的愛不曾消失，透過過去的記憶，源源不絕的將我包圍，我始終能感受到他的愛。

真正懂得「愛」的人，能讓我們跨越死亡，讓生命永存。一如精靈村的不死故事，所以，**勇敢的去愛你所愛的人，向他們努力的表達你對他們的愛，如此一來，我們的生命，也將永恆的存在了。**

三三，聽完這麼多關於「愛」的故事，也許你會覺得「愛」仍然好難、好難，你深怕自己給出去的愛不是真正的愛，也怕自己期待別人給你的愛不是理想的愛，可能你越想自己做到「真正的愛」，卻落入這樣也不是、那樣也不是的窘境。

當你有這樣的想法時，媽媽希望你記得一個小故事，這個故事是媽媽小時候學校課本裡的故事，叫做〈賣油郎〉。

從前，有一個神射手，他在廣場上表演射箭技術，把廣場擠得水泄不通。神射手每次出手都命中靶心，百發百中的能力讓全場的人都拍手叫好。

但是，只有一個例外，那就是在人群最後面的一名賣油老翁。

老翁看到一群人為神箭手歡呼，淡淡的說了一句：「這也沒什麼呀？」

這句話被許多圍觀群眾聽見了。

有人不滿的問老翁：「百發百中的神技，難道不厲害嗎？」

老翁回答：「這沒什麼呀，只要練習就會了。」

沒想到老翁的回答竟然傳到前面神射手的耳朵裡去了。

神射手聽到很憤怒，從人群中走過去，不客氣的問：「只要練習就會了？那你會嗎？你來射給大家看看！」

老翁把弓箭推開，搖頭說：「我不會這個，但我會另一種技能。」

老翁把一個脖子細得像白鷺鷥的腳一樣的瓶子往地上一放，然後一手抱著一個油壺，指著旁邊一棵大樹的頂端。

老翁說：「我能爬到大樹上坐在最上面，然後從上面把油倒下來，一滴不漏的全都倒進這個細細脖子的瓶子裡，你信還是不信？」

全部的人都搖頭說不信，那麼細的瓶口，在平地倒油都很困難了，怎麼可能從那麼高的樹上把油倒進去？

神射手冷笑著。「你牛皮也吹得太大了吧！你若能從這麼高的地方倒進瓶子裡，我就拜你為師。」

老翁搖頭說：「拜師就不用了，我這就上去倒油。」

老翁將細長的瓶子擺在樹下後，立刻手腳伶俐的爬上樹。

老翁說：「看好囉，我要開始了。」

老翁將油壺緩慢的朝底下的瓶口傾斜倒去，油壺嘴中立刻噴畫出一道油線，油線透過太陽光照射，散發出金黃色的光澤，優美而從容的注入樹下的瓶子裡。

圍觀的群眾看呆了，神射手也看呆了，因為一點油漬都沒有濺到壺口之外，盡數滑入容器裡。

老翁倒完油，緩慢爬下樹，走到神射手旁邊，這時全場報以熱烈的掌聲。

神射手也讚嘆不已的說：「太厲害了呀！」

老翁溫和的笑了笑，說：「其實我想說的是，這沒什麼，只要多練習，慢慢的也就會了。」

三三，這輩子有很多事情，我們只要練習就會了，而且越練習，我們就會越厲害。如果，這一輩子，我們都在練習抱怨，經常抱怨為什麼別人都不愛我，抱怨為什麼自己得到的禮物這麼少，那麼我們這一輩子就會變成抱怨的人生，不停的抱怨下去，最後變成一個抱怨高手，然後一輩子都很不快樂。

相同的，很多事情練習就會了，只要現在開始持續練習「真正的愛」，用愛的眼光看待這個世界，那麼你就變成一個非常溫柔、非常有愛的人，這一輩子都會在愛與幸福中度過。

在我們還沒有學會薩提爾奶奶教會我們真正的愛之前，讓我們持續練習下去，終有一天，我們會成為溫暖有愛的幸福之人。

從這一刻開始，讓我們練習「愛」。

【附錄】

薩提爾的Tips

第1章 橡皮糖公主——關於「期待」

- 期待，在薩提爾模式的冰山裡，隱藏在水平面底下，雖然別人看不到，但是在冰山中卻占有很重要的地位，因為那是人活在這個世界上的動力來源！
- 很多人經常把期待和愛搞混了，總覺得如果自己期待的事，別人沒有滿足的話，自己就是不被愛的。其實期待沒有被滿足的時候，就只是期待落空而已，和別人愛不愛我們完全沒有相關！
- 「愛」在薩提爾模式的冰山層次裡，擁有非常重要的位置，薩提爾女士稱「愛」為「每個人都渴望得到的寶物」。

- 給對方真正需要的東西，這是愛，如果對自己也能如此，這便是「愛自己」了。真正的愛，會依照自己擁有的能力，自己滿足自己，在自己可以負擔的前提下去完成，才叫愛。

第 2 章 聖甲村的眼淚——關於「感受」

- 發洩情緒時，並不代表可以任意傷害旁邊的人，畢竟情緒是自己的，發洩的方式也應該限於自己能控制的範圍。
- 當我們學會釋放情緒之後，接下來便是我們學習用正確語言，表達我們真正內在聲音的時候了。
- 愛自己有兩種方式，一種是對內，一種是對外。對內，就是在自己心情不好的時候，學會接受心情不好的自己。對外，就是與人相處時，準確表達自己想要說的話，既不委屈自己，也不對別人造成傷害。

第3章 孫山的處境——關於「表達」

- 「說話」在薩提爾模式的冰山中，是屬於看得見的「行為」。許多人說話的時候會帶著指責別人的情緒，或者冷漠的口吻，或者討好的乞求方式，這些說話的方法都會讓聽的人受傷。而最好的說話方式，是「一致性」的方式。
- 「照顧了自己，也照顧了別人感受」的說話方式，就是「一致性」。要學會一致性的說話方式，得先學會「傾聽」，之後再學「只提問不解答」。
- 一致性的說話方式，是薩提爾女士認為最有效的溝通方式，既可以清楚的表達自己真實的想法，又可以照顧別人的內在，是非常好的說話模式。
- 「只聽問題，不解決問題」，在溝通過程中，是很重要的一環。

第4章 珍珠王子——關於「觀點」

- 在看似不能兼顧的兩難選擇中，只要學會以「真正的愛」對待自己以及他人，就能照顧自己的需要，也能照顧他人的內心。

- 只要我們在「選擇」之後學會「承擔」，那麼生命無論在何處，都能發出璀璨的光芒了。
- 不畏懼失去一切，也要去追尋目標，這是「刻意選擇」，無論最後結果如何都能坦然接受，這就表示承擔起該負的責任了。
- 不做選擇也是一種選擇，因為不選擇之後也有該承擔的後果。在人的一生之中，不管有沒有刻意「選擇」，都得面臨事後的承擔。

第5章　不死精靈——關於「渴望」

- 愛，在「冰山」的層次裡屬於「渴望」的區塊。薩提爾女士認為，愛，是非常重要的存在，孩子有了它，會感覺安全與溫暖；大人有了它，也會因此得到自信、價值，甚至成為更穩定的大人。
- 不去談死亡，並不會讓死亡消失，死亡仍舊如影隨形的跟著我們，不停的考驗著我們的勇氣，催促著我們去面對。
- 雖然生命被限縮了時間，但也因此讓我們更懂得去珍惜家人相處的時光，畢竟生命短暫，得把握每一次的相聚，這也許就是死亡帶來的意義。因為生命「短暫」，我們才更懂得「珍惜當下」。

- 死亡並不是人生的盡頭，死亡只是生命的一個階段，越過死亡，是生命另一個階段的開始。生命，並不會因死亡而帶來黑暗，因為過去那些點點滴滴的愛，將匯聚成光，永恆的照亮我們。

- 勇敢的去愛你所愛的人，向他們努力的表達你對他們的愛，如此一來，我們的生命，也將永恆的存在了。

- 讓我們持續練習下去，終有一天，我們會成為溫暖有愛的幸福之人。

薩提爾的故事溝通

陪孩子練習愛，在愛中學習成長

作者——————李儀婷
封面・內頁繪圖———林韋達

主編——————林孜懃
美術設計———王瓊瑤
行銷企劃———鍾曼靈
出版一部總編輯暨總監———王明雪

發行人—————王榮文
出版發行———遠流出版事業股份有限公司
地址——————104005 臺北市中山北路一段 11 號 13 樓
電話——————(02)2571-0297
傳真——————(02)2571-0197
郵撥——————0189456-1
著作權顧問——蕭雄淋律師
2022 年 3 月 1 日 初版一刷
2022 年 3 月 5 日 初版二刷

定價——————新臺幣 380 元
（缺頁或破損的書，請寄回更換）

ISBN —————— 978-957-32-9450-4

遠流博識網 http://www.ylib.com
E-mail: ylib@ylib.com
遠流粉絲團 https://www.facebook.com/ylibfans

國家圖書館出版品預行編目 (CIP) 資料

薩提爾的故事溝通：陪孩子練習愛，在愛中學習成長 / 李儀婷著 . -- 初版 . -- 臺北市：遠流出版事業股份有限公司，2022.03

面；　公分

ISBN 978-957-32-9450-4(平裝)

1. 親職教育 2. 子女教育

528.2　　111001331